Kaminek (Hrsg.)

Handbuch der Gästezimmervermietung

Handbuch der Gästezimmer-vermietung

von

Erwin Kaminek

Mag. Sigrid Räth

Mag. Susanna Bardehle

Sonja Berger

LexisNexis®
ARD Orac

Wien 2005

Die LexisNexis-Gruppe weltweit

Argentinien	LexisNexis Argentina, Buenos Aires
Australien	LexisNexis Butterworths, Chatswood, New South Wales
Chile	LexisNexis Chile Ltda, Santiago de Chile
Deutschland	LexisNexis Deutschland GmbH, Münster
Frankreich	LexisNexis/Editions du Juris-Classeur, SA, Paris
Großbritannien	LexisNexis Butterworths Tolley, a Division of Reed Elsevier (UK) Ltd, Croydon
Hongkong	LexisNexis Butterworths, Hongkong
Indien	LexisNexis Butterworths, Neu Delhi
Irland	Butterworths (Ireland), Ltd, Dublin
Italien	Giuffrè Editore, Mailand
Kanada	LexisNexis Butterworths, Markham, Ontario
Malaysien	Malayan Law Journal Sdn Bhd, Kuala Lumpur
Neuseeland	Butterworths of New Zealand, Wellington
Niederlande	LexisNexis, a division of Reed Elsevier Inc., Amsterdam
Österreich	LexisNexis Verlag ARD Orac, Wien
Polen	Wydawnitctwo Prawnicze LexisNexis, Warschau
Singapur	LexisNexis Butterworths, Singapur
Südafrika	LexisNexis Butterworths SA, Durban
Schweiz	Stämpfli Verlag AG, Bern
Tschechien	LexisNexis Nakladatelství Orac sro, Prag
Ungarn	HVG-Orac, Budapest
USA	LexisNexis, Dayton, Ohio

Bibliografische Information Der Deutschen Bibliothek
Die Deutsche Bibliothek verzeichnet diese Publikation in der Deutschen Nationalbibliografie; detaillierte bibliografische Daten sind im Internet über http://dnb.ddb.de abrufbar.

ISBN 3-7007-3122-1

LexisNexis Verlag ARD ORAC GmbH & Co KG, Wien
http://www.lexisnexis.at
Best.-Nr. 79.30.01

Foto Kaminek: Fotohaus Jeschofnig, Wien
Foto Räth: Foto Schwarzenegger, Tulln
Foto Bardehle: Martin Wieland, Neunkirchen
Foto Berger: Fotohaus Jeschofnig, Wien
Hersteller: Ferdinand Berger & Söhne Gesellschaft m.b.H., 3580 Horn, Wiener Straße 80

Vorwort des Herausgebers

Als Organisator der Interessengemeinschaft „Apartment Service Vienna" (www.apartment.at), in der auch Privatvermieter vertreten sind, wurden immer wieder Fragen an mich herangetragen. Die Themen waren immer die gleichen: die Abgrenzung zwischen gewerblicher und privater Vermietung, die steuerliche Handhabung der Vermietung und nicht zuletzt Fragen nach der erfolgreichen Vermarktung der Unterkünfte.

Aufgrund der vielen Fragen, dem Wissen und dem gesammelten Material formte sich der Wunsch, diese Informationen einem breiteren Publikum in Form eines Buches zur Verfügung zu stellen. So entstand in Zusammenarbeit mit dem Verlag und den Autoren Mag. Susanna Bardehle (Steuerberaterin), Mag. Sigrid Räth (Rechtsanwältin) und Sonja Berger dieses Werk. Es soll als Leitfaden für die Gästezimmervermietung, mit Schwerpunkt Privatzimmervermietung, sowohl Neueinsteigern als auch langjährigen Vermietern fundierte Informationen und praktische Tipps zum Thema liefern.

Die Materie der Gästezimmervermietung ist sehr umfangreich. Insbesondere in Bezug auf die rechtliche Seite der Vermietung mussten wir bei unseren Recherchen feststellen, dass es zwischen der Praxis und der Gesetzgebung große Unterschiede gibt. Ebenso trifft dies auch auf die Vermarktung der Unterkünfte zu. Einerseits gibt es Graubereiche, die dann unter Umständen erst durch einzelne Gerichtsurteile klargestellt werden müssen und andererseits wird so manches durch jahrelanges gemeinsames gutgläubiges Handeln von Vermietern, Gemeinden und Tourismusorganisationen zur vermeintlichen Normalität erhoben.

Zielsetzung

Ein Ziel des vorliegenden Buches ist es, Klarheit zu schaffen. Im steuerlichen und rechtlichen Teil werden daher die gesetzlichen Rahmenbedingungen für die Gästezimmervermietung erläutert. Der Schwerpunkt liegt bei der Abgrenzung zwischen gewerblicher Vermietung und Privatzimmervermietung.

Darüber hinaus soll der Internet- und Praxisteil zur Ideenfindung und zur Eigeninitiative anregen. Dieser enthält wertvolle Informationen und Verbesserungsvorschläge. Mängel in der Vermietung werden aufgezeigt – für manche mitunter nicht immer erfreulich.

Wir haben dieses Buch **interaktiv** gestaltet, indem viele Links auf weiterführende Informationen im Internet verweisen. Außerdem finden Sie auf der Homepage www.tourismus-abc.net ein Verzeichnis aller Links aus dem Buch und interessante Ergänzungen zum Inhalt, auf die nur Sie als Leser Zugriff haben.

Danksagung

Nicht zuletzt spreche ich allen, die direkt oder indirekt zu diesem Buch beigetragen haben, meinen **herzlichen Dank** aus. Besonders möchte ich mich bei den Personen bedanken, die mit Ihren Vorschlägen zur Verbesserung des Buches beigetragen haben:

Ilona Kaminek, Maria Waldau, Dipl. Ing. Markus Swittalek, Ing. Peter Wenzl (Wien), Bernhard Berger (Langenzersdorf), Anita Jöchlinger (Hagenbrunn).

Letztendlich möchten wir Sie darauf hinweisen, dass natürlich alle geschlechtspezifischen Ausführungen gleichermaßen in der weiblichen und männlichen Form gelten.

Wien, im Jänner 2005 Erwin Kaminek

Zum Geleit

Privatzimmervermieter sind ein wichtiges Element im touristischen Angebot: Mit ihrem breiten Spektrum an Unterkunftsformen können sie einerseits als „Einstiegschance" fungieren und Gästen mit kleinen Brieftaschen auch „prominente" Städte, Dörfer und Regionen als Reiseziel möglich machen, andererseits aber mit großzügig ausgestatteten Appartements einer anspruchsvolleren Klientel eine individuelle Gestaltung des Aufenthalts ermöglichen, wie sie in einem Hotel kaum möglich ist.

Es liegt in der Natur dieses Angebotstyps, dass vielfach ohne professionelle Ausbildung agiert wird und Herzlichkeit und Hausverstand im Vordergrund stehen. Umso wichtiger ist es aber – weil es nun einmal nicht ganz ohne rechtliche und steuerliche Grundlagen geht – ein umfassendes Nachschlagewerk zur Verfügung zu stellen. Aus diesem Grund begrüße ich als der für Tourismus in Österreich zuständige Minister die vorliegende Publikation, vor allem auch deshalb, weil sie über den rechtlichen Teil hinaus wertvolle Hilfestellungen und Praxistipps gibt.

Privatzimmervermieter sind zwangsläufig klein strukturierte Tourismus-„Betriebe", die sich bisweilen schwerer Gehör verschaffen können als andere. In diesem Buch finden Sie wichtige Hinweise, wie Sie sich unter Anwendung moderner Informations- und Kommunikationstechniken individuell oder im Rahmen von Interessensgemeinschaften auch gegenüber den „Großen" der Branche behaupten und bei einem globalen Publikum Aufmerksamkeit finden können.

Dr. Martin Bartenstein
Bundesminister für Wirtschaft und Arbeit

Inhaltsverzeichnis

Abkürzungsverzeichnis

ABGB	Allgemeines Bürgerliches Gesetzbuch
Abs	Absatz
AGB	Allgemeine Geschäftsbedingungen
Art	Artikel
BAO	Bundesabgabenordnung
BGBl.	Bundesgesetzblatt
BMWA	Bundesministerium für Wirtschaft und Arbeit
B-VG	Bundes-Verfassungsgesetz
bzw.	beziehungsweise
DI	Diplom Ingenieur
ECG	E-Commerce Gesetz
EStG	Einkommensteuergesetz
etc.	et cetera
f	und die folgende Seite
ff	und die folgenden Seiten
FTP	File Transfer Protocol
gem.	gemäß
GewO	Gewerbeordnung
GIS	Gebühren Info Service GmbH
GmbH	Gesellschaft mit beschränkter Haftung
HTML	Hypertext Markup Language
MRG	Mietrechtgesetz
OECD	Organisation for Economic Co-operation and Development
PHP	Hypertext Preprocessor
PDF	Adobe Portable Document Format
RIS	Rechtsinformationsdatenbank
Rz	Randzahl
RTR	Rundfunk- und Telekom Regulierungs-GmbH
TKG	Telekommunikationsgesetz
TSA	Tourism Satellite Accounts, Tourismussatellitenkonto
u. Ä.	und Ähnliche
URL	Uniform Resource Locator
USt	Umsatzsteuer
UStG	Umsatzsteuergesetz
uvm.	und vieles mehr
vgl.	vergleiche
VSt	Vorsteuer
WIFO	Österreichisches Institut für Wirtschaftsforschung
WTO	World Tourism Organisation, Welttourismusorganisation
www	World Wide Web
Z	Zahl, Ziffer

I. Rahmenbedingungen

1. Rechtliche Grundlagen

Mag. Sigrid Räth

1.1. Anzuwendende Gesetze

Welche Gesetze regeln die Gästezimmervermietung?

Die Gästezimmervermietung wird unter anderem durch ABGB, Gewerbeordnung und andere Bundesgesetze geregelt. Des Weiteren gibt es in einigen Bundesländern Landesgesetze, wie Tourismusgesetz und Privatzimmervermietungsgesetz. Auch das Mietrechtsgesetz ist zu beachten.

Die Gesetze, die Steuern und Abgaben regeln, werden im Kapitel „2. Steuerliche Grundlagen" erläutert.

1.2. Überblick

Aufgrund der rechtlichen Lage ergeben sich vier Möglichkeiten für die kurzfristige Vermietung von Unterkünften. Sie unterscheiden sich vor allem dadurch, ob für die Ausübung ein Gewerbeschein notwendig ist und ob Dienstleistungen erbracht werden dürfen. Einen ersten Überblick bietet Ihnen die folgende Tabelle.

Tabelle 1: Varianten der Gästezimmervermietung

→ Möglichkeiten der Vermietung **↓ Dem Vermieter erlaubt sind:**	**reine Raummiete** z.B. möbliertes Appartement nicht im eigenen Haus	**Privatzimmer-vermietung** = häuslicher Nebenerwerb	**freies Gewerbe** (freies Gastgewerbe gem. § 111 Abs 2 Z 4 GewO 94)	**reglementiertes Gewerbe** (Gastgewerbe gem. § 94 Z 26 GewO 94)
Reinigung (während des Aufenthalts)	nein	ja	ja	ja
Beistellung der Wäsche	nur einmalig	ja	ja	ja
Anzahl der Betten	unbegrenzt	maximal 10	maximal 10	unbegrenzt
Ort	unbegrenzt	im gleichen Haus(halt)	unbegrenzt	unbegrenzt

→ **Möglichkeiten der Vermietung** ↓ **Dem Vermieter erlaubt sind:**	**reine Raummiete** z.B. möbliertes Appartement nicht im eigenen Haus	**Privatzimmer-vermietung** = häuslicher Nebenerwerb	**freies Gewerbe** (freies Gastgewerbe gem. § 111 Abs 2 Z 4 GewO 94)	**reglementiertes Gewerbe** (Gastgewerbe gem. § 94 Z 26 GewO 94)
Frühstück	nein	ja	ja	ja
warme Speisen	nein	nein	nur kleiner Imbiss	ja
Fremdpersonal	nein	nein	ja	ja
Werbung	ja	eingeschränkt	ja	ja
Sozialversicherungspflicht	nein	nein	ja	ja
Betriebsanlagengenehmigung	nein	nein	ja	ja
Mietrechtsgesetz	gilt	gilt	vom MRG ausgenommen (§ 1 Abs 2 Z 1 MRG)	vom MRG ausgenommen (§ 1 Abs 2 Z 1 MRG)
Gewerbeschein	nein	nein	freies Gewerbe	gebundenes Gewerbe

1.3. Ist für die Zimmervermietung ein Gewerbeschein erforderlich?

Eine Grundvoraussetzung für **gewerbliche Tätigkeit** ist die **Absicht Gewinn zu erzielen**. Diese wird wohl im Regelfall vorliegen. Gewinn erzielen Sie auch dann, wenn die Einnahmen der Privatzimmervermietung die Kreditrückzahlung und die Ansparung der Rücklage nach dem Wohnungseigentumsgesetz abdecken. Ob tatsächlich Gewinn erzielt wird, ist unerheblich.

Gewerbeschein für Gastgewerbe

Grundsätzlich ist die Beherbergung von Gästen gem. § 94 Z 26 GewO 1994 ein reglementiertes Gewerbe. Daher ist ein Gewerbeschein erforderlich. Von dieser grundsätzlichen Bestimmung gibt es einige Ausnahmen, bei denen ein Gewerbeschein für freies Gewerbe ausreicht, oder auch ohne Gewerbeschein das Auslangen gefunden werden kann.

Abbildung 3: Ist für die Vermietung ein Gewerbeschein notwendig?

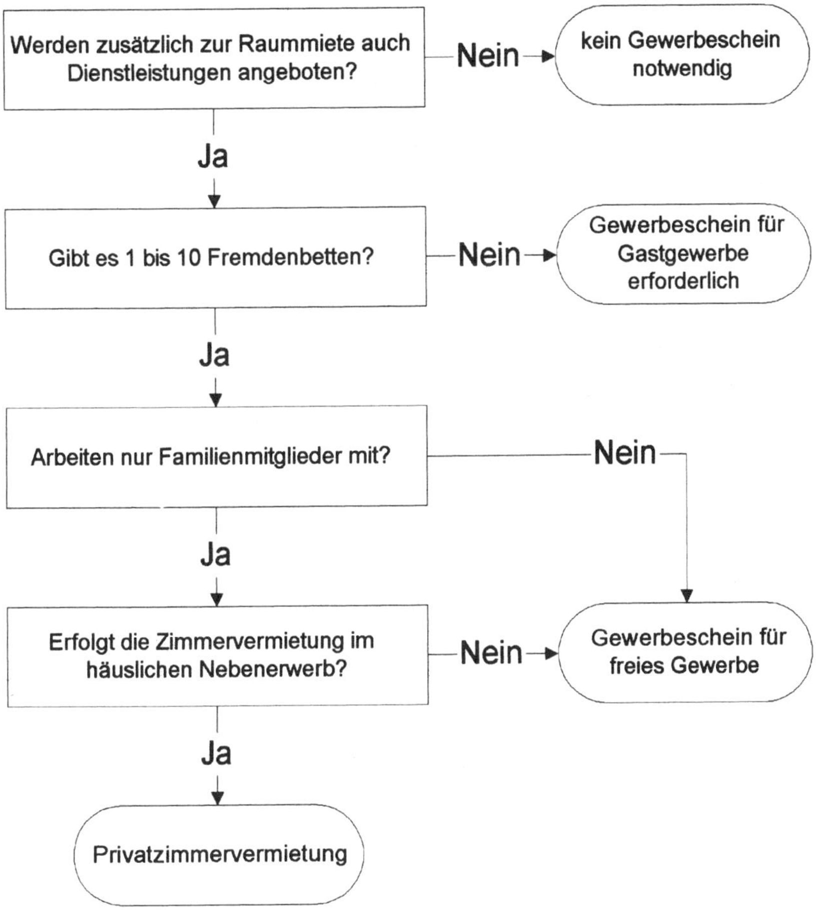

Gewerbeschein für freies Gastgewerbe

Wenn **nicht mehr als 10 Fremdenbetten** bereitgestellt werden und die Vermietung **nicht im häuslichen Nebenerwerb** erfolgt, bedarf die Beherbergung von Gästen gemäß § 111 Abs 2 Z 4 GewO 1994 keines Gewerbescheins für das (reglementierte) Gastgewerbe. Es genügt ein Gewerbeschein für freies Gastgewerbe.

Abgesehen von der Beschränkung der Bettenanzahl ist hierbei auch die **Bewirtung eingeschränkt**, und zwar auf die Verabreichung des Frühstücks und von kleinen Imbissen und die Ausschank von nichtalkoholischen Getränken und von Bier in handelsüblich verschlossenen Gefäßen sowie von gebrannten geistigen Getränken als Beigabe zu diesen Getränken an die Gäste.

Wird die Beherbergung im häuslichen Nebenerwerb betrieben, so kann Privatzimmervermietung vorliegen, wozu kein Gewerbeschein erforderlich ist.

Privatzimmervermietung

Gemäß Art III der Bundesverfassungsgesetznovelle 1974 **gehört die Privatzimmervermietung nicht zu den Angelegenheiten des Gewerbe**s im Sinne des Art 10 Abs 1 Z 8 B-VG, **wenn sie**

- **durch die gewöhnlichen Mitglieder des eigenen Hausstandes**
- **als häusliche Nebenbeschäftigung ausgeübt wird**
- **und nicht mehr als 10 Fremdenbetten betrifft**.

Die Privatzimmervermietung in diesem Umfang ist hinsichtlich der Gesetzgebung den Ländern zugewiesen.

Häusliche Nebenbeschäftigung

Die Gesetzesmaterialien weisen darauf hin, dass es sich beim häuslichen Nebenerwerb um **eine im Vergleich zu den anderen häuslichen Tätigkeiten dem Umfang nach untergeordnete Erwerbstätigkeit** handeln muss. Vergleichsmaßstab für die Unterordnung ist nicht eine weitere Erwerbstätigkeit, sondern die anderen häuslichen Tätigkeiten, die in einem durchschnittlichen Haushalt anfallen. Die häusliche Nebenbeschäftigung darf eine umfänglich nur untergeordnete Rolle einnehmen.

Ob die Einkünfte aus der Privatzimmervermietung die sonstigen Einkünfte übersteigen, ist nicht relevant. Liegen jedoch nur Einkünfte aus Vermietung vor, kann nicht von häuslichem Nebenerwerb ausgegangen werden.

Es muss sich insofern um eine „häusliche" Tätigkeit handeln, als sie im Rahmen des eigenen Hausstandes auszuüben ist. Es muss gewissermaßen eine „**gemeinsame Haushaltsführung**" vorliegen.

Reine Raummiete

Bei der **Beherbergung** wird nicht nur der Wohnraum beigestellt, sondern der Gast darüber hinaus betreut, bzw. werden dem Gast gegenüber **Dienstleistungen** erbracht z.B. Reinigung und Bereitstellung der Wäsche.

Die **reine Raumvermietung** ist jedenfalls **kein Gewerbe** im Sinne der Gewerbeordnung, jedoch spricht die Betreuung der „Mieter" durch Beistellen und Reinigen der Bettwäsche oder Durchführen von Reparaturen gegen die reine Raummiete. Bei der Abgrenzung ist auch die Ankündigung (werden Dienstleistungen erbracht oder nicht) zu beachten.

Die **Abgrenzung** zwischen der bloßen Zurverfügungstellung von (möbliertem) Wohnraum und der Beherbergung im Sinne der Gewerbeordnung kann nicht exakt angegeben werden. Sie kann nur **im Einzelfall** erfolgen. Aus den Materialien zur Gewerbeordnung ergibt sich, dass Betreiber von Appartementhäusern die nach dem äußeren Erscheinungsbild gewisse Merkmale eines Beherbergungsbetriebes aufweisen, einer Gewerbeberechtigung bedürfen.

Wird gewerblich vermietet, wird die Wohnung zur Betriebsanlage und bedarf daher einer eigenen Betriebsanlagengenehmigung.

Bei Beurteilung der Genehmigungspflicht einer gewerblichen Betriebsanlage kommt es nicht darauf an, ob von der in Rede stehenden Betriebsanlage tatsächlich die im Gesetz näher bezeichneten Gefährdungen, Belästigungen, Beeinträchtigungen oder Einwirkungen ausgehen. Die Genehmigungspflicht ist vielmehr schon dann gegeben, wenn diese Umstände nicht auszuschließen sind.

Eine Betriebsanlage in der das Fremdenbeherbergungsgewerbe ausgeübt wird, ist bewilligungspflichtig. Begründet wird dies mit einer potentiellen Brandgefahr, Gefahr der Belästigung der Nachbarn durch Geruch, Lärm, Rauch etc. (betriebsspezifische Emissionen).

1.4. Fragen zum Gewerberecht

Welche Strafen sind möglich, wenn unbefugt ohne Gewerbeschein vermietet wird?

Die Verwaltungsübertretung der Ausübung eines Gewerbes ohne Gewerbeberechtigung ist gemäß § 366 Abs 1 Z 1 GewO mit einer Strafe von bis zu EUR 3.600,– bedroht. Es handelt sich dabei um ein Ungehorsamsdelikt, weil zum Tatbestand weder der Eintritt eines Schadens noch einer Gefahr gehört und die Verwaltungsvorschrift über das zur Strafbarkeit erforderliche Verschulden nichts bestimmt. Das heißt, dass von Fahrlässigkeit des Täters auszugehen ist, wenn er nicht glaubhaft macht, dass ihn kein Verschulden an der Verwaltungsübertretung trifft. **Die Unkenntnis des Gesetzes schützt vor Strafe nicht**.

Bereits das bloße Anbieten einer den Gegenstand eines Gewerbes bildenden Tätigkeit an einen größeren Personenkreis oder die Ausschreibung sind der unbefugten Ausübung des Gewerbes gleichzuhalten und daher strafbar. Bei dieser Abgrenzung kommt es auf den objektiven Eindruck eines unbefangenen Interessenten und nicht auf die Absicht des Anbietenden an. Das Anbringen einer Hinweistafel reicht aus, um diesen Tatbestand zu verwirklichen. Auch die Art der Werbung kann ausreichen, diesen Eindruck zu vermitteln.

Wie bekomme ich einen Gewerbeschein?

Sie müssen das Gewerbe bei der zuständigen Gewerbehörde (Bezirkshauptmannschaft, Magistrat) schriftlich, persönlich oder elektronisch anmelden. Um ein Gewerbe anmelden zu können, müssen Sie Österreicher, Schweizer oder EWR-Bürger sein, bzw. über eine Aufenthaltsberechtigung verfügen und das 18. Lebensjahr vollendet haben. Weiters dürfen keine Ausschließungsgründe vorliegen, ein geeigneter Standort für die Ausübung des Gewerbes muss vorhanden sein und für reglementierte Gewerbe muss ein Befähigungsnachweis erbracht werden.

> ☞ **Praxistipp:**
> Eine ausführliche Anleitung für die Gewerbeanmeldung finden Sie unter www.help.gv.at im Bereich für Unternehmer.

Gilt bei der 10-Betten-Regelung eine ausziehbare Couch als ein Bett?

Ja, auch eine ausziehbare Couch gilt als (mindestens ein) Bett.

Entscheidend ist nicht die Anzahl der „echten" Betten, sondern die **Anzahl der** zur Verfügung stehenden **Schlafstellen.** (Das können auch Feldbetten, Matratzen, ausziehbare Sessel und Ähnliches sein.)

Es gibt zahlreiche Entscheidungen im Verwaltungsstrafverfahren, die sich genau auf die vorhandenen Schlafstellen beziehen. Es wird **tatsächlich die Anzahl der Schlafplätze berücksichtigt** (es nützt nichts, wenn Sie nur 2 Gäste pro Wohnung aufnehmen, aber 4 Plätze zur Verfügung stehen).

Zu Verwaltungsstrafverfahren kommt es in der Regel dann, wenn Kontrollorgane vor Ort die Situation überprüfen und dabei auch die Anzahl der Betten kontrollieren. Kontrollen können zu jeder Tages- und Nachtzeit durchgeführt werden.

Welche zusätzlichen Dienstleistungen darf ein Vermieter anbieten?

Die Entscheidungen zur Gewerbeordnung lassen eine **Obsorge für den Gast bzw. Dienstleistungen in einem äußerst geringen Ausmaß** genügen, um Beherbergung anzunehmen. (Die Folge ist, dass ein Gewerbeschein erforderlich wird.) Beispielsweise reicht die gelegentliche Beistellung frischer Bettwäsche aus, um die Vermietung zur Beherbergung zu machen. Lediglich die einmalige Beistellung von gereinigter Bettwäsche ist Sachmiete und daher erlaubt.

Die einzige Ausnahme ist die Privatzimmervermietung im häuslichen Nebenerwerb (siehe „1.3. Ist für die Zimmervermietung ein Gewerbeschein erforderlich?"). Es gibt Entscheidungen, die davon ausgehen, dass Nebenleistungen wie Frühstück, Kabel-TV, Telefonvermittlung zwar eine gewerbliche Tätigkeit darstellen würden, jedoch wenn sie im Hinblick auf die geringe Anzahl der Fremdenbetten keine Verwaltungsarbeit im erheblichen Umfang verursachen, nicht als gewerblich anzusehen sind.

1.5. Mietrechtsgesetz (MRG)

Wie lange darf ein Gast bleiben, ohne dass ein „echter" Mietvertrag entsteht?

Berechtigterweise wird bei längeren Aufenthalten von Gästen das automatische Entstehen eines unbefristeten Mietvertrages befürchtet, welcher nur bei Vorliegen der im Mietrechtsgesetz genannten Gründe aufgekündigt werden kann.

Beherbergungsbetriebe

Im Mietrechtsgesetz gibt es eine Ausnahmeregelung (§ 1 Abs 2 Z 1 MRG), die besagt, dass Mietverträge, die im Rahmen eines Beherbergungsbetriebes abgeschlossen werden, **nicht dem Mietrechtsgesetz unterliegen**. Es gibt Entscheidungen, die davon ausgehen, dass diese Ausnahme nur dann angenommen werden kann, wenn ein Gewerbeschein vorhanden ist.

Zweitwohnung für Erwerbstätigkeit

Eine weitere Ausnahme sieht § 1 Abs 2 Z 3 MRG vor, wenn die **Vertragsdauer ein halbes Jahr nicht übersteigt** und *schriftlich* vereinbart wurde, dass die Wohnung nur als **Zweitwohnung wegen eines durch die Erwerbstätigkeit des Mieters verursachten Ortswechsel** benötigt wird. Diese Ausnahmeregelung gilt aber nur für Wohnungen der Kategorie A und B. Es müssen alle vorgenannten Merkmale erfüllt sein, um diese Ausnahme nutzen zu können. Bei der Vereinbarung der Befristung ist größter Wert darauf zu legen, dass die Befristung von 6 Monaten nicht überschritten werden darf. Auch eine geringfügige Überschreitung kann zum Zustandekommen eines unbefristeten Vertrages führen, was unter anderem zur Folge hat, dass die Höhe der Miete bei Vorliegen der allgemeinen Voraussetzungen durch das Gericht bzw. die Schlichtungsstelle überprüft werden kann.

Zweitwohnung für Erholungszwecke

Die wohl häufigste Konstellation der **Zweitwohnung für Erholungszwecke oder Freizeitgestaltung** ist in § 1 Abs 2 Z 4 MRG geregelt. Hier gibt es **keine Beschränkungen in der Mietdauer**. In jedem Fall empfiehlt sich aber die Unterfertigung eines schriftlichen Vertrages, der den Charakter als Zweitwohnung zu Erholungszwecken dokumentiert und auch den ordentlichen Wohnsitz angibt. Die Verpflichtung, ständig einen anderen ordentlichen Wohnsitz zu haben, kann in den Vertrag aufgenommen werden. In diesem Fall ist die Schriftlichkeit zwar nicht im Gesetz vorgesehen, aber als Beweis wertvoll. Wenn der Mieter nachträglich seinen ordentlichen Wohnsitz aufgibt und die „Zweitwohnung" dauerhaft benutzt, ändert sich der Charakter des Vertrages und dann ist das MRG zumindest teilweise anwendbar.

Da die Abgrenzungen teilweise schwierig sind, ist dabei größte Sorgfalt geboten, und bei Unklarheiten sollte ein Fachmann zu Rate gezogen werden.

Verträge die dem MRG unterliegen

Wenn ein Mietvertrag zumindest teilweise dem MRG unterliegt – das heißt, die vorstehenden Ausnahmen sind nicht gegeben – sind Befristungen nur dann wirksam, wenn sie schriftlich festgehalten sind und die **Dauer oder die Verlängerung mindestens 3 Jahre** beträgt. Im Vollanwendungsbereich des MRG kann auch die Höhe der Miete vom Gericht oder von der Schlichtungsstelle überprüft werden.

Schriftlichkeit

Um das Entstehen eines unbefristeten Mietvertrages zu verhindern, ist es daher notwendig, schriftlich festzuhalten, dass der Gast nur vorübergehend zu Urlaubs- oder Arbeitszwecken Quartier bei Ihnen nimmt. Die folgende Passage könnte in die Vereinbarung mit dem Gast aufgenommen werden.

■ **Beispiel 1:**

. . . der Gast erklärt ausdrücklich, die Wohnung nur vorübergehend von .... bis .... zur Freizeitgestaltung/wegen Erwerbstätigkeit anzumieten. Der Lebensmittelpunkt in .... wird dadurch nicht verändert. . . .

Wichtig ist es auch die **Dauer des Aufenthaltes** im Voraus schriftlich festzuhalten und auch eine eventuelle Verlängerung schriftlich zu fixieren. Die bloße Bestellung des Zimmers per E-Mail reicht nicht aus, um dieses Erfordernis zu erfüllen.

1.6. Relevantes aus dem Meldegesetz

Was ist in Bezug auf das Meldegesetz zu beachten?

In Unterkünften, die keine Beherbergungsbetriebe sind, muss sich der Unterkunftsnehmer grundsätzlich innerhalb von 3 Tagen an- bzw. abmelden. Der Unterkunftnehmer ist für die Meldung selbst verantwortlich und muss den Meldezettel ausfüllen und sich bei der Meldebehörde anmelden.

Hat der Unterkunftgeber Grund zur Annahme, dass jemand die Meldepflicht nicht erfüllt hat, ist er verpflichtet, dies der Meldebehörde innerhalb von 14 Tagen mitzuteilen.

Von der Meldepflicht **ausgenommen** sind Personen, denen nicht länger als drei Tage Unterkunft gewährt wird.

Beherbergungsbetriebe müssen **Gästeblätter** führen. Die An- und Abmeldung muss ohne Rücksicht auf die Aufenthaltsdauer innerhalb von 24 Stunden durch Eintragung in ein Gästeblatt erfolgen.

Der Gast kann sich entweder selbst eintragen, oder der Unterkunftgeber nimmt die Eintragung vor. Die **Verantwortung** für die Eintragung liegt jedenfalls beim **Unterkunftgeber**. Sollte sich der Gast weigern, die Meldepflicht zu erfüllen, besteht Anzeigepflicht.

☞ **Achtung:** Wenn die Unterkunftsdauer in einem Beherbergungsbetrieb **mehr als zwei Monate** beträgt, ist der Unterkunftsnehmer auch mittels **Meldezettel** bei der Meldebehörde anzumelden.

Bei Verstößen gegen das Meldegesetz drohen Strafen bis EUR 726,–, im Wiederholungsfall bis EUR 2.180,–.

Die genaue Vorgangsweise im Einzelfall erfragen Sie bei der zuständigen Gemeinde/ Magistrat.

Zentrales Melderegister
Weitere Informationen zum Meldegesetz finden Sie auf der Homepage des Zentralen Melderegisters (ZMR): http://zmr.bmi.gv.at/pages/gesetz.htm

Elektronisches Gästeblatt

In klassischen Tourismusgemeinden findet immer mehr das elektronische Gästeblatt Einzug. Tirol übernimmt hier die Vorreiterrolle, gefolgt von Salzburg und Kärnten. Die Einführung des elektronischen Gästeblattes ist jedoch mit einem enormen (finanziellen) Aufwand verbunden. Ein einzelner Betrieb kann dieses elektronische Gästeblatt ohne Zustimmung der Gemeindeverwaltung gar nicht verwenden. Voraussetzung für die Verwendung eines E-Gästeblattes ist die Installation der Software bei der Gemeinde, mit Verbindung zum statistischen Zentralamt und natürlich auch mit der entsprechenden Software beim Vermieter.

Weitere Informationen
Genauere Details erfahren Sie auf der Homepage vom Bundesministerium für Wirtschaft und Arbeit (BMWA), Abteilung Tourismus, Sektion V /1a.
www.bmwa.gv.at/BMWA/Themen/Tourismus/Schwerpunkte/e-tourism/01gaesteblatt.htm

1.7. Nichtzahlung, Sachbeschädigung durch den Gast

Welche Rechte hat der Vermieter bei Nichtzahlung oder Sachbeschädigung?

Der Privatvermieter hat wie jeder Vermieter das Recht, eingebrachte Gegenstände, wie etwa Gepäck, zurückzuhalten (gesetzliches Pfandrecht). Dieses Pfandrecht besteht nur für fällige Forderungen für die Überlassung des Mietgegenstandes, nicht aber für Schadenersatzansprüche. Das Pfandrecht erlischt mit der Entfernung aus dem Mietgegenstand, dies kann durch die pfandweise Beschreibung durch das Gericht (innerhalb von drei Tagen) verhindert werden. **Dieses Pfandrecht verschafft aber nicht das Recht, diese Gegenstände zu verwerten.** Dies dürfte nur in einem gerichtlichen Exekutionsverfahren – nach erfolgreicher Klagsführung – geschehen.

Praxistipp:
Es ist sinnvoll, eine entsprechende **Vorauszahlung** zu verlangen, um das Risiko der Zahlungsunwilligkeit oder Zahlungsunfähigkeit zu minimieren. Siehe dazu auch das Kapitel „3.8. Reklamationen". Weiters kann eine **Rechtschutzversicherung** helfen, das Risiko zu minimieren (siehe Kapitel „3.6. Versicherung").

Achtung bei (**Voraus-)Zahlung mit Kreditkarten**: Je nach Art des Vertrages mit dem Kreditkartenunternehmen muss die Abbuchungsvereinbarung in einer bestimmten Form vorliegen (z.B. Fax, Brief, E-Mail, telefonische Vereinbarung). Wenn diese Form nicht eingehalten wird, geben die Kreditkartenunternehmen im Falle einer Beschwerde dem Gast Recht. Nichtsdestotrotz ist die Einhaltung der Vertragsbestimmungen keine Garantie für den Zahlungseingang.

Falls mir der Gast noch etwas schuldet, darf ich ihm die Türe versperren, obwohl seine Sachen noch im Appartement sind?

Der Vermieter hat im Ausmaß seines gesetzlichen Pfandrechtes an eingebrachten Gegenständen auch das Recht, die **Entfernung durch Selbsthilfe zu verhindern**. Es ist aber spätestens innerhalb von drei Tagen die pfandweise Beschreibung der Gegenstände gerichtlich zu beantragen. Zu diesem Zweck dürfen diese Gegenstände auch zu Gericht gebracht werden. Es besteht aber nicht das Recht zur eigenmächtigen Verwertung der Gegenstände.

Darf ich den Reisepass zurückbehalten solange etwas nicht bezahlt wurde?

Das Zurückbehalten von Urkunden für den Fall der Nichtzahlung ist **nicht zulässig**. Zulässige Möglichkeiten finden Sie bei der Frage „Welche Rechte hat der Vermieter bei Nichtzahlung oder Sachbeschädigung?"

Unter welchen Voraussetzungen kann ein Gast wegen Zechprellerei angezeigt werden?

Immer wenn ein Gast mit Vorsatz seiner Verpflichtung zur Zahlung des Entgelts nicht nachkommt, sind Anzeigen denkbar und können auch zur Bestrafung des Gastes führen. Es ist sogar denkbar, dass der Tatbestand des Betruges erfüllt ist.

Wie sichere ich mich ab, dass zumindest die gerichtliche Durchsetzung der Ansprüche Erfolg hat?

Der Vermieter sollte die Daten der Mieter möglichst genau überprüfen. Wichtig ist es auch, auf das Geburtsdatum zu achten. Das Geburtsdatum ist bei Einbringung der Klage nicht unbedingt erforderlich, kann aber zur klaren Identifikation des Gastes notwendig werden (Namensgleichheit ist denkbar, insbesondere auch bei Vater und Sohn). Sollte es zur Exekutionsführung gegen den Gast kommen, ist das Geburtsdatum erforderlich, um eine Gehaltsexekution durchführen zu können. **In jedem Fall ist es sinnvoll, die Daten des auszufüllenden Meldezettels mit einem Ausweis zu kontrollieren**.

Wie klage ich Forderungen bei Ausländern ein, die wieder in ihrer Heimat sind?

Dabei bestimmt das Internationale Privatrecht die Gerichtszuständigkeit. Bei Rechtsstreitigkeiten mit Ausländern ist es jedenfalls sinnvoll, einen **Rechtsanwalt** einzuschalten.

Wie kann sich der Vermieter behelfen, wenn der Gast nicht den vollen vereinbarten Preis zahlen will?

Grundsätzlich werden Sie versuchen, den Gast zufrieden zu stellen. Wenn das aber in Einzelfällen nicht möglich ist, gilt es eine vernünftige Lösung zu finden und auf Seite des Vermieters abzuwägen, ob es sich auszahlt, um den nicht bezahlten Teilbetrag zu kämpfen und ein Gerichtsverfahren zu riskieren.

Bei Schlechterfüllung durch den Vermieter steht dem Mieter grundsätzlich das Recht zu, Verbesserung bzw. Preisminderung zu fordern. Nachdem Verbesserung in den meisten Fällen nicht möglich ist, weil die Beschwerde erst im Nachhinein artikuliert wird, ist der häufigste Fall, dass die Mieter Preisminderung verlangen. Im Reiserecht hat es sich allgemein eingebürgert, sich an der „**Frankfurter Liste**" zu orientieren. Diese ist nicht verbindlich, aber zur grundsätzlichen Orientierung geeignet. Es handelt sich dabei um eine von einem Gericht zusammengestellte Liste, die angibt, welche Preisnachlässe bei welchen Vorkommnissen gerechtfertigt sind.

Frankfurter Liste
Eine **genaue Erklärung der** auf- und abgeschlagenen **Prozentsätze** finden Sie auf der Homepage www.rechtspraxis.de/frankfurt.htm

Wie sichere ich mich gegen Schäden ab, die der Mieter verursacht?

Bei **fahrlässiger oder vorsätzlicher** Sachbeschädigung, z.B. (zufällig) zerbrochenes Glas kann **Schadenersatz** verlangt werden. Sinnvoll ist es, sowohl bei der Übergabe, als auch bei der Rückstellung der Wohnung eine Kontrolle durchzuführen. Später geltend gemachte Schäden führen immer zu Beweisproblemen.

Um die Beweise für später zu sichern, können Sie mit dem Gast bei Übergabe und Übernahme des Mietgegenstandes ein **Übergabeprotokoll** verfassen, dies wird in der Praxis nicht zu umfangreich sein. Sie können den Mieter ersuchen, eine Inventarliste zu unterfertigen und gleichzeitig zu bestätigen, dass er den Mietgegenstand in ordnungsgemäßem Zustand übernommen hat.

Bei Rückstellung bestätigen Sie, dass die Rückstellung ordnungsgemäß stattgefunden hat, oder vermerken die Mängel am Übergabeprotokoll und ersuchen den Mieter, dies zu bestätigen. Erzwingen können Sie diese Bestätigung durch den Mieter nicht, Sie dokumentieren dadurch aber, dass die Rückstellung aus Ihrer Sicht nicht ordnungsgemäß war.

Bei **(vorsätzlicher) Sachbeschädigung** liegt ein strafbarer Tatbestand vor, und es kann auch **Strafanzeige** bei der Staatsanwaltschaft eingebracht werden. In einem derartigen

Fall ist es sinnvoll, zu Beweiszwecken ein Protokoll durch die Sicherheitsbehörden anfertigen zu lassen. Diese nehmen auch die genauen Daten des Täters auf, sofern er noch anwesend ist. Durch den Meldezettel verfügen Sie aber über hinreichend Daten, um ihn ausforschen zu lassen.

1.8. Haftung

Hat aus rechtlicher Sicht der Mieter dem Vermieter gegenüber Ansprüche bei einstweiligen Störungen am Mietobjekt (Ausfall der Heizung, des Warmwassers, des Liftes, einstweilige Lärmbelästigung durch Arbeiten im Haus etc.)?

Vereinfacht gesagt, wenn der Mieter nicht bekommt, was ihm versprochen wurde, hat er das Recht, Anpassung des Preises zu verlangen. Eine Heranziehung der Frankfurter Liste (siehe auch die Frage „Wie kann sich der Vermieter behelfen, wenn der Gast nicht den vollen vereinbarten Preis zahlen will?"), wird zur Schaffung von Anhaltspunkten sinnvoll sein. Auch aus diesem Grund ist es sinnvoll, keine übertriebenen Versprechungen zu machen. Werbung ist sicher wichtig, darf aber nicht dazu genutzt werden, den Gast zu täuschen. Sogar das Wecken falscher Erwartungen wird zu Problemen führen. Es ist bei der Beurteilung vom Empfängerhorizont auszugehen. Zur Sicherheit sollte bei jeder Art von Werbung ein unbeteiligter Dritter gefragt werden, wie er die Werbung verstehen würde.

Wie sind Vermieter bezüglich Gästeunfällen (Stiegenhaus, Wege auf Grundstück, etc.) abgesichert?

Nicht jeder Sturz eines Gastes führt automatisch zu einer Haftung des Vermieters. Grundsätzlich ist **jeder für sein Handeln selbst verantwortlich**. Wenn aber die Schneeräumung unterlassen wurde, oder ein Weg derart uneben ist, dass Sturzgefahr besteht, kann es zu einer Haftung des Liegenschaftseigentümers kommen.

Es ist davon auszugehen, dass jedes Wohnungseigentumshaus eine Haftpflicht- und Feuerversicherung hat. Wenn nicht, haftet die Eigentümergemeinschaft für die ordnungsgemäße Erhaltung der Liegenschaft. Diese kann sich bei Vorliegen der entsprechenden Versäumnisse bei der Hausverwaltung, dem Hausbesorger, der Reinigungsfirma u. Ä. schadlos halten. Verallgemeinert kann gesagt werden, dass **jeder, der eine Gefahrensituation schafft, für die Folgen haftet**, wenn er nicht für die gehörige Absicherung sorgt. Bei Unfällen in der Wohnung kann das daher der Vermieter sein.

Wie deckt man am besten das Haftpflichtrisiko ab, etwa falls ein Gast in der Wohnung einen Unfall erleidet (Stolpern über den Teppich, elektrischer Schlag aufgrund von Mängeln eines Gerätes oder einer Steckdose etc.)?

Wie bereits vorstehend ausgeführt, hat jeder, der eine Gefahrensituation schafft, für deren Absicherung zu sorgen. Wenn er das nicht tut, haftet er für auftretende Schäden.

Wobei es im Fall einer Verletzung auch zu Schmerzengeldforderungen kommen kann, die mit Aussicht auf Erfolg geltend gemacht werden können.

Aber: Nicht jeder Teppich ist eine Gefahrenquelle. Leicht rutschende Teppiche sollten jedenfalls vermieden werden, ebenso wie unplanmäßige Unebenheiten der Böden (z.B. fehlende Stücke im Parkettboden, aufgebogene Teppiche etc.).

Bei Schäden an Elektrogeräten, die für den Vermieter erkennbar waren, besteht ebenso eine Haftung, wie für defekte Elektroleitungen. Keine Haftung des Vermieters besteht, wenn der Gast an den Leitungen oder Geräten manipuliert oder diese unsachgemäß verwendet. Jedenfalls sollte jeder Vermieter (zwischen den Vermietungen) **regelmäßige Kontrollen** des Mietobjektes durchführen und dabei auch die Geräte in Betrieb nehmen.

Es ist auch zweckmäßig, für **ausreichende Versicherung** zu sorgen und bei Abschluss der Versicherung darauf hinzuweisen, dass man Gästezimmervermietung (gewerblich) betreibt.

1.9. Hausordnung

Ersetzt oder ergänzt eine Hausordnung die Gesetzgebung?

Eine Hausordnung kann die Gesetzgebung nicht ergänzen. Sie können die Hausordnung aber zu einem Bestandteil Ihres Mietvertrages machen. Es ist aber erforderlich, diese Vertragsbestandteile auszuhandeln und in den Vertrag aufzunehmen, der bloße Aushang in der Wohnung reicht nicht aus.

Wenn in einem Wohnungseigentumshaus eine Hausordnung beschlossen wurde, ist es jedenfalls sinnvoll diese zum Bestandteil der Mietverträge zu machen, um Probleme mit den Wohnungsnachbarn und Miteigentümern hintanzuhalten.

2. Steuerliche Grundlagen

Mag. Susanna Bardehle

2.1. Einkunftsarten

Welche Einkünfte erzielen Sie als Vermieter?

Das Einkommensteuergesetz unterscheidet im § 2 Abs 3 Z 1–7 sieben Einkunftsarten:

(1) Einkünfte aus Land- und Forstwirtschaft

(2) Einkünfte aus selbständiger Tätigkeit

(3) Einkünfte aus Gewerbebetrieb

(4) Einkünfte aus nichtselbständiger Tätigkeit

(5) Einkünfte aus Kapitalvermögen

(6) Einkünfte aus Vermietung und Verpachtung

(7) sonstige Einkünfte

In **Abhängigkeit** von der **Art der Vermietung** fallen Sie entweder unter Ziffer

(1) Einkünfte aus **Land- und Forstwirtschaft**:
Sie vermieten im Rahmen einer Land- und Forstwirtschaft Zimmer und/oder Ferienwohnungen,

oder unter Ziffer

(3) Einkünfte aus **Gewerbebetrieb**:
Sie üben die Beherbergung von Gästen gewerbsmäßig aus. Ein entsprechender Gewerbeschein ist vorhanden,

oder unter Ziffer

(6) Einkünfte aus **Vermietung** und Verpachtung:
Sie stellen Wohnraum inkl. eines bestimmten Bettenkontingentes, also im Rahmen einer Gästezimmervermietung, zur Verfügung.

Steuerrechtliche Übersicht

Tabelle 2: Steuerrechtliche Übersicht

Einkunftsart	**Land- und Forstwirtschaft**	**Gewerbebetrieb**	**Vermietung und Verpachtung**
Gästezimmervermietung im Rahmen von	häuslicher Nebenerwerb	Gewerbebetrieb	häuslicher Nebenerwerb bzw. bloße Wohnraumvermietung

Einkunftsart	Land- und Forstwirtschaft	Gewerbebetrieb	Vermietung und Verpachtung
Erfolgsermittlung	Pauschalierung	Einnahmen-Ausgaben-Rechnung oder Bilanzierung	Überschussermittlung
Wohnungsverkauf innerhalb 10 Jahren	Gewinn ist steuerpflichtig	Gewinn ist steuerpflichtig	Gewinn ist steuerpflichtig
Wohnungsverkauf nach Ablauf von 10 J.	Gewinn ist steuerpflichtig	Gewinn ist steuerpflichtig	Gewinn ist steuerfrei
Sozialversicherung	SV Bauern	gewerbliche SV	keine gesetzliche Pflichtversicherung
Kammermitglied	Landwirtschaftskammer	Wirtschaftskammer	nein
Umsatzsteuer	Pauschalierung bei weniger als 10 Betten	Kleinunternehmer oder Steuersatz 10 %	Kleinunternehmer oder Steuersatz 10 %

In obiger Gegenüberstellung ist leicht erkennbar, welche steuerlichen und rechtlichen Änderungen auf Sie zukommen, wenn Sie – bewusst oder unbewusst – von einer Einkunftsart in eine andere wechseln. Steuerlich am vorteilhaftesten und mit keinen Sozialversicherungsabgaben verbunden ist dabei eindeutig die bloße Wohnraumvermietung bzw. die Privatzimmervermietung im Rahmen des häuslichen Nebenerwerbs. Diese steht auch im Mittelpunkt dieses Buches.

Auf Abweichungen zum Gewerbebetrieb wird bei Bedarf hingewiesen. Ergänzend wird an dieser Stelle angemerkt, dass Sie – immer wenn Sie einen Gewerbeschein besitzen – Einkünfte aus Gewerbebetrieb erzielen. Diesbezüglich ist es irrelevant, ob Sie die Gästezimmervermietung im Rahmen eines freien Gastgewerbes oder eines reglementierten Gewerbes nach GewO 1994 betreiben.

Ein Exkurs zur steuerlichen Behandlung der Einkünfte aus Land- und Forstwirtschaft im Hinblick auf Gästezimmervermietung steht am Ende des Kapitels 2.

2.2. Welche Steuern müssen Sie im Rahmen der Vermietung beachten?

Unabhängig von der Einkunftsart spielt auf jeden Fall die **Einkommensteuer (Einkommensteuergesetz)** eine wesentliche Rolle. Darüber hinaus kann es durchaus möglich sein, dass auch **Umsatzsteuer (Umsatzsteuergesetz)** ermittelt und an das Finanzamt abgeführt werden muss.

Weiters zu beachten sind die **Bestimmungen der Bundesabgabenordnung** (BAO), z.B. die Aufbewahrungspflicht, die Aufzeichnungspflicht, etc.

Für Privatzimmervermieter im häuslichen Nebenerwerb fällt zusätzlich ein **Kirchenbeitrag** von ca. EUR 2,50 pro Bett an, wenn die Einnahmen aus der Privatzimmervermietung nicht in einen Einkommensteuerbescheid einbezogen sind. Genaue diesbezügliche Informationen erteilt Ihre Kirchenbeitragsstelle.

Ebenso fallen Rundfunkgebühren an, welche im Rundfunkgebührengesetz verankert sind. Informationen dazu erhalten Sie direkt bei dem Gebühren Info Service (GIS).

Tourismusabgaben und Kurtaxen unterliegen der Landesgesetzgebung. Aus diesem Grunde gibt es keine bundesweit einheitlichen Bestimmungen. In weiterer Folge wird deshalb auf diese beiden Abgaben nicht näher eingegangen. Genaue Auskünfte darüber kann Ihnen Ihre Gemeinde geben.

Bis wann muss meine Vermietungstätigkeit dem Finanzamt angezeigt werden?

Sie müssen Ihrem zuständigen Finanzamt (das ist in der Regel das Wohnsitzfinanzamt) **binnen eines Monats** den Beginn der Vermietungstätigkeit anzeigen. Das zu verwendende Formular (Verf 24) ist beim Bundesministerium für Finanzen herunterzuladen.

Formulardownload: www.bmf.gv.at/service/formulare/

2.3. Einkommensteuer

2.3.1. Erfolgsermittlung

Wie wird der Erfolg eines Jahres ermittelt?

Der Erfolg – dieser kann ein **Gewinn** oder ein Verlust sein – ist **der Saldo der innerhalb des Kalenderjahres tatsächlich zugeflossenen Einnahmen über die tatsächlich abgeflossenen Ausgaben.** (Im Rahmen von Einkünften aus Vermietung und Verpachtung lautet der korrespondierende steuerrechtliche Begriff **Werbungskosten**.)

Im Gegensatz zur Bilanzierung bestimmt hier nicht der Zeitpunkt des Vermögenszuwachses bzw. -abganges die Erfolgswirksamkeit von Einnahmen und Ausgaben sondern der Zeitpunkt der Zahlung. Somit liegt eine steuermindernde Ausgabe vor, wenn eine Rechnung, z.B. für Stromverbrauch, bezahlt wird. Werden Rechnungen nicht bezahlt, stellen sie – sowohl auf der Einnahmenseite als auch auf der Ausgabenseite – keine gewinnwirksame Größe dar.

Der jeweilige Geldfluss muss jedoch immer im Zusammenhang mit einem bereits eingetretenen oder zukünftigen Vermögenszuwachs oder -abgang stehen. Das bedeutet, dass Sie durch den Geldfluss entweder „reicher" oder „ärmer" werden. Ein Beispiel dafür ist, wenn Ihr Gast die Rechnung bar zahlt. Dadurch werden Sie eindeutig „reicher".

Bei Aufnahme eines Darlehens ist dies nicht der Fall. Durch den Zufluss des Geldes haben Sie einerseits zwar eine höhere Liquidität, andererseits aber auch höhere Schulden. Ihr „Reichtum" bleibt dadurch unberührt. Deshalb ist dieser Geldfluss nicht zu beachten.

Was geschieht mit durchlaufenden Posten?

Ein durchlaufender Posten ist ein Betrag, den der Vermieter im Namen und für Rechnung eines anderen vereinnahmt bzw. verausgabt. Der Steuerpflichtige ist sozusagen Mittelsmann. Durchlaufende Posten stellen in der Regel **weder Einnahmen noch Ausgaben** dar (z.B. Umsatzsteuer).

Wann wird die Erfolgsermittlung durchgeführt?

Der Erfolg (Gewinn oder Verlust) wird durch Gegenüberstellung von Einnahmen und Ausgaben (inkl. Abschreibung) immer mit Stichtag **31. Dezember** ermittelt. Eine Einkommensteuererklärung ist abzugeben.

2.3.2. Einkommensteuerrechtlich relevante Einnahmen

Einnahmen liegen vor, wenn dem Vermieter **Geld** oder geldwerte Vorteile **zufließen**.

Einnahmen im Rahmen einer Gästezimmervermietung können sein:

- zugeflossene Entgelte der Gäste
- zugeflossene Schadenersatzzahlungen durch Versicherungen
- zugeflossene Subventionen durch Bund, Land oder Gemeinde
- zugeflossene Einnahmen von Werbeflächen
- zugeflossene weiterverrechnete Betriebskosten

Maßgebend dafür, ob eine Einnahme als zugeflossen gilt oder nicht, ist immer die objektive Verfügungsmöglichkeit, z.B. Zinsen gelten dann als zugeflossen, wenn der Vermieter mit der Gutschrift (= Kontoauszug) die Verfügungsmacht über die Zinsen erhält, und zwar unabhängig davon, ob er sich diese auszahlen lässt oder nicht.

Die anlässlich einer Kreditaufnahme zufließenden **Darlehensmittel** sind **keine Einnahmen**. Sie führen zu keinem betrieblichen Vermögenszuwachs. Ebenso sind Zahlungen zur Tilgung von Darlehen keine Ausgaben. Hingegen zählen die aufgrund der betrieblichen Darlehensaufnahme zu zahlenden **Zinsen** zu den **Ausgaben**.

Geldeinlagen

Fließen Erträge dem Betrieb zu, fehlt jedoch die betriebliche Veranlassung, da sie aus der Privatsphäre des Steuerpflichtigen stammen, spricht man von Einlagen. Der Vermieter erbt beispielsweise einen bestimmten Geldbetrag und bezahlt damit die Renovierung einer Wohnung. Den Geldbetrag bezeichnet man als Einlage, dieser ist einkommensteuerrechtlich keine Einnahme und somit keine Gewinnvermehrung.

Was versteht man unter Spekulationseinkünften?

Liegt zwischen der Anschaffung und dem Verkauf einer Liegenschaft (Grund, Gebäude, Wohnung) ein Zeitraum von weniger als **10 Jahren**, ist der auf den Gebäudeanteil entfallende Teil des **Veräußerungsgewinnes** in der Regel einkommensteuerpflichtig. Es liegen „Einkünfte aus Spekulationsgewinnen" vor.

■ **Beispiel 2: Berechnung der Veräußerungsgewinns**

Anschaffung einer Eigentumswohnung am 15. Mai 1998	
Kaufpreis	70.000,– netto
davon Anteil Grund	7.000,–
davon Anteil Gebäude	63.000,–
jährliche Abschreibung (1, 5 % vom Anschaffungswert des Gebäudes)	945,–
Verkauf der Eigentumswohnung am 5. Oktober 2005	
Erlös	80.000,– netto
davon Anteil Grund	8.000,–
davon Anteil Gebäude	72.000,–
Ermittlung des Veräußerungsgewinnes	
Erlös Gebäude	72.000,–
abzüglich Buchwert Gebäude	55.440,–
Veräußerungsgewinn	**16.560,–**

Nachdem der Verkauf der Eigentumswohnung innerhalb von 10 Jahren ab Anschaffung erfolgte, unterliegt der dabei erzielte Gewinn in Höhe von EUR 16.650 der Einkommensteuer des Jahres 2005. Der heranzuziehende Steuersatz, dieser kann bis 50 % betragen, ist somit von der Höhe des restlichen Einkommens 2005 abhängig.

Bei Verkauf nach dem 15. Mai 2008, wäre keine Steuer vorgeschrieben worden.

Aus diesem Grunde ist vor jedem geplanten Verkauf einer Liegenschaft die Fristenfrage zu klären. Bei Erbschaft oder Schenkung wird für die Berechnung der Spekulationsfrist der Erwerbsvorgang des Rechtsvorgängers herangezogen.

2.3.3. Einkommensteuerrechtlich relevante Ausgaben

Ausgaben dienen dem Erwerb, der Sicherung oder der Erhaltung der Einnahmen, in unserem Fall somit der Mieteinnahmen. Beispiele dafür sind **Ausgaben für Instandhaltung, Abschreibung, Strom, Löhne, Zinsen etc.**

Die **Ausgaben** wirken sich erst im Zeitpunkt ihres tatsächlichen **Abfließens**, also bei Zahlung, **gewinnmindernd** aus.

Ab wann bzw. bis wann können Sie steuerlich Ausgaben geltend machen?

Steuerlich abzugsfähige Ausgaben sind auch schon für **zeitnahe Vorbereitungshandlungen** in Hinblick auf eine künftige Gästezimmervermietung möglich, z.B. Kosten in Zusammenhang mit der Adaptierung, Kilometergeld, Beratung. Wichtig ist bereits zu diesem Zeitpunkt, mit dem Sammeln von Belegen zu beginnen.

Ausgaben, die zeitnah nach Beendigung der Vermietung anfallen und mit dieser in Zusammenhang stehen, z.B. Betriebskosten, sind ebenfalls abzugsfähig.

Beachten Sie bitte, dass nicht rechtzeitig geltend gemachte Ausgaben nicht nachgeholt werden können.

Was sind regelmäßig wiederkehrende Ausgaben?

Regelmäßig wiederkehrende Ausgaben, die der Vermieter kurze Zeit vor Beginn oder kurze Zeit vor Beendigung des Kalenderjahres, zu dem sie wirtschaftlich gehören, bezahlt hat, gelten als in diesem Kalenderjahr ausgegeben. Unter „kurzer Zeit" ist ein Zeitraum von maximal zehn Tagen zu verstehen, sofern die Zahlbarkeit grundsätzlich zum Ende des Kalenderjahres gegeben ist. Regelmäßig wiederkehrende Zahlungen sind beispielsweise Schuldzinsen und Löhne.

Wie werden Vorauszahlungen behandelt?

Grundsätzlich gilt, dass Vorauszahlungen, die mit einem Vermögensabgang in Zusammenhang stehen, sofort im Zeitpunkt der Zahlung **gewinnmindernd** als Ausgabe zu berücksichtigen sind. Ein Beispiel dafür ist die Leistung einer Vorauszahlung an den Maler für den Neuanstrich der Fassade.

Im Einkommensteuerrecht gibt es jedoch eine **Ausnahme**regelung, und zwar Vorauszahlungen von Beratungs-, Bürgschafts-, Fremdmittel-, Garantie-, Miet-, Treuhand-, Vermittlungs-, Vertriebs- und Verwaltungskosten müssen gleichmäßig auf den Zeitraum der Vorauszahlung verteilt werden, außer sie betreffen lediglich das laufende und das folgende Jahr.

■ Beispiel 3: Verteilung einer Vorauszahlung

Darlehensaufname am 1. Sept. 2005, Laufzeit: 3 Jahre

Darlehenshöhe	50.000,–
vorschüssige Zinsen	6.000,–
Auszahlungsbetrag	44.000,–

Es handelt sich hierbei um eine Vorauszahlung von Fremdmittelkosten, welche nicht nur das laufende und das folgende Jahr, also 2005 und 2006, betrifft.

Die **Kosten** sind daher **aliquot auf die Gesamtlaufzeit** (36 Monate) zu verteilen.

Steuerliche Auswirkung

2005	– 667,–
2006	–2.000,–
2007	–2.000,–
2008	–1.333,–
Summe (2005–2008)	**6.000,–**

Abschreibung

Beim Kauf von abnutzbaren Investitionsgütern, z.B. Bett, Küche, Wohnzimmereinrichtung, etc. sind die Nettoanschaffungskosten im Wege der jährlichen Abschreibung als **Betriebsausgabe** geltend zu machen. Ein Anlagenverzeichnis ist zu führen.

■ Beispiel 4: Berechnung der Abschreibung

Kauf einer Küche am 1. Mai 2005

Kaufpreis	1.000,– netto
Nutzungsdauer:	10 Jahre

Abschreibung = Anschaffungswert/Nutzungsdauer

Abschreibung = 1.000/10 = 100 pro Jahr

Das heißt, dass sich die Anschaffung der Küche nicht sofort bei Zahlung mit EUR 1.000,– gewinnmindernd im Jahresabschluss niederschlägt, sondern dass die **Anschaffungskosten** im Wege einer jährlichen Abschreibung **über eine fiktive Nutzungsdauer** (historisch gewachsene Richtwerte) **verteilt** werden. Sie haben somit über einen Zeitraum von 10 Jahren – ohne dass eine weitere Zahlung fließt – eine Ausgabe von EUR 100,– pro Jahr.

Abschreibung von Gebäuden

Für die Geltendmachung der Abschreibung ist es notwendig, dass wirtschaftliches Eigentum am vermieteten Objekt besteht. Vermieter ist derjenige, der aus der Tätigkeit das Unternehmerrisiko trägt. Im Unterschied dazu steht das rechtliche Eigentum. Rechtlicher Eigentümer ist derjenige, der im Grundbuch (B-Blatt) eingetragen ist.

Nach der herrschenden Rechtsprechung kommt bei Gebäuden bzw. Wohnungen eine Abschreibung bereits ab Fertigstellung in Betracht, vorausgesetzt, dass die Absicht zur künftigen Vermietung deutlich nach außen in Erscheinung tritt, z.B. Inserate, Homepage.

Bei reiner Vermietungstätigkeit beträgt die gesetzliche Nutzungsdauer des Gebäudes 67 Jahre. Eine kürzere Nutzungsdauer kann durch ein entsprechendes Gutachten nachgewiesen werden. Die Abschreibung wird grundsätzlich bei einer Liegenschaft **nur vom Gebäudewert** vorgenommen. Daher muss der Wert des Grund und Bodens aus den Gesamtkosten ausgeschieden werden. Dies gilt auch für Eigentumswohnungen. Hier ist der flächenmäßige Anteil des Grund und Bodens aus dem Grundbuch ersichtlich, z.B. 50/1204 m^2.

Wird ein Gebäude nur zum Teil vermietet und zum anderen Teil für eigene Wohnzwecke genutzt, steht die Abschreibung nur für den vermieteten Teil zu. Die Ermittlung des vermieteten Ausmaßes richtet sich nach der anteiligen Nutzfläche.

Sacheinlagen

Sach- und Nutzungseinlagen sind gewinnmindernd zu berücksichtigen. Dadurch sollen den durch die Sacheinlagen verursachten zukünftigen Einnahmen auch Ausgaben gegenüberstehen. Beispiele sind die Einlage von Elektrogeräten, Sofas, Esstischen und Stühlen. Der Wert der Einlagen richtet sich nach deren Wert zum Zeitpunkt der Einlage, höchstens darf er aber mit den seinerzeitigen Anschaffungskosten angesetzt werden.

2.3.4. Was ist steuerliche Liebhaberei?

Liebhaberei bedeutet im Sinne des Steuerrechts immer eine Tätigkeit, die **auf Dauer gesehen keine Gewinne** abwirft. Eine solche Tätigkeit ist **steuerrechtlich uninteressant** und Verluste, die daraus entstehen, werden nicht als ausgleichsfähig (das ist die Möglichkeit der Gegenverrechnung mit anderen, positiven Einkünften) anerkannt.

Bei Vermietung von Objekten, die der Eigennutzung dienen könnten, z.B. Eigentumswohnungen, sind Verluste der ersten Jahre abzugsfähig, wenn aufgrund einer Prognoserechnung nachgewiesen wird, dass innerhalb eines gewissen Zeitraumes ein Gesamtüberschuss zu erzielen ist. Bei der Vermietung von Ferienwohnungen und Privatzimmern wird seitens der Finanz überprüft, ob die Betätigung eine mit Einkunftsquellenvermutung oder mit Liebhabereivermutung ist.

Besitzt ein Steuerpflichtiger mehrere Mietgegenstände, so stellen diese mehrere getrennt voneinander zu beurteilende Einkunftsquellen dar. Das heißt, jede Wohnung muss für sich auf die Möglichkeit der Erzielung eines Gesamtüberschusses hin untersucht werden. Die unterschiedlichen Einkunftsquellen können durchaus steuerlich unterschiedlich behandelt werden.

2.4. Was ist im Rahmen des Umsatzsteuergesetzes zu beachten?

Sofern der Vermieter kein Kleinunternehmer ist, ist er berechtigt, Rechnungen im Sinne des Umsatzsteuergesetzes auszustellen. Vermietet er an andere Unternehmer, z.B. Kongressteilnehmer, ist er verpflichtet, Rechnungen auszustellen.

2.4.1. Was ist die Kleinunternehmerregelung?

Ein Kleinunternehmer ist ein Vermieter, der im Inland einen Wohnsitz hat und dessen **Nettoumsätze** im Veranlagungszeitraum EUR **22.000,–** (das sind bei einem Umsatzsteuersatz von 10 % EUR 24.200,– brutto) nicht übersteigen. Er ist unecht steuerbefreit, d.h. er stellt keine Umsatzsteuer in Rechnung, darf jedoch auch keine Vorsteuer (das ist die Umsatzsteuer, die ihm von anderen Unternehmern in Rechnung gestellt wird) geltend machen. Umsatzsteuerrechtlich liegt also ein „Nullsummenspiel" vor.

■ **Beispiel 5: Vergleich Kleinunternehmer/allgemeine Steuerpflicht**

Die Einnahmen aus der Gästezimmervermietung für das 3. Quartal 2005 betragen EUR 7.000,– und sind zur Gänze zugeflossen. An bezahlten Ausgaben fielen im gleichen Zeitraum EUR 1.500,– an; Vorsteueranteil: EUR 200,–.

Laut Gesetz sind Sie **Kleinunternehmer**, d.h. Sie müssen an das Finanzamt keine Umsatzsteuer abführen. Dafür steht Ihnen auch kein Vorsteuerabzug zu.

Berechnung:	Umsatzsteuer	0,–
	abzüglich Vorsteuer	0,–
	Zahllast	**0,–**

Optieren Sie für die **allgemeine Steuerpflicht**, so müssen Sie bis zu einem Nettoumsatz von EUR 22.000,– quartalsweise die Umsatzsteuer berechnen und an das Finanzamt bezahlen bzw. im Falle einer Gutschrift eine Umsatzsteuervoranmeldung abgeben.

Berechnung:	Umsatzsteuer	
	7.000/110 * 10 =	636,36
	abzüglich Vorsteuer	–200,00
	Zahllast	**436,36**

Der so genannte „Kleinunternehmer" kann aber dem Finanzamt gegenüber erklären, dass er auf die Befreiungsbestimmung verzichtet und für die **Regelbesteuerung optieren** möchte. Dies ist dann sinnvoll, wenn höhere Vorsteuerbeträge, z.B. aus Sanierungsaufwendungen, anfallen. Der Umsatz aus Vermietung wird mit 10 % steuerpflichtig. Die Vorsteuern sind voll abzugsfähig.

Wurde zur Steuerpflicht optiert und soll in späteren Jahren zur Steuerfreiheit gewechselt werden, ist dies gesetzlich möglich. Der Wechsel führt jedoch zu einer Vorsteuerkorrektur bei bestimmten Anlagegütern z.B. Gebäude.

2.4.2. Fragen zur Umsatzsteuer

Wie komme ich zu einer UID-Nummer?

Eine UID-Nummer kann zeitgleich mit Abgabe der Betriebseröffnungsanzeige beim zuständigen Finanzamt beantragt werden. Sollten Sie nachträglich eine UID-Nummer benötigen, so können Sie diese mit dem Formular U 15 anfordern.

Formulardownload: www.bmf.gv.at/service/formulare/

Welche Umsatzsteuersätze gelten für mich?

Sollten Sie auf die Kleinunternehmerregelung verzichten, so gilt für Sie ein **Steuersatz von 10 %** (nachzulesen unter Rz 1198 Umsatzsteuerrichtlinien). Unter den begünstigten Steuersatz fällt demnach die Beherbergung in eingerichteten Wohn- und Schlafräumen samt den regelmäßig damit verbundenen Nebenleistungen (z.B. Beleuchtung, Beheizung).

Wann entsteht die Umsatzsteuerschuld?

Hier müssen zwei Begriffe unterschieden werden:

- **Entstehung der Steuerschuld** = jener Zeitpunkt, ab dem der Unternehmer zur Umsatzsteuerzahlung verpflichtet ist = Voranmeldungszeitraum.
- **Fälligkeit der Umsatzsteuer** = jener Zeitpunkt, zu dem die Umsatzsteuerschuld spätestens mit dem Finanzamt verrechnet bzw. bezahlt werden muss. Sie tritt einen Monat und fünfzehn Tage nach Ablauf des Voranmeldungszeitraumes ein.

Die Soll-Besteuerung, auch als Besteuerung nach vereinbarten Entgelten bezeichnet, orientiert sich an der Ausführung einer Leistung. Die Ist-Besteuerung, auch Besteuerung nach vereinnahmten Entgelten genannt, erfolgt aufgrund der Zahlung des Entgeltes.

Das vorherrschende Prinzip bei der Vermietung ist die **Ist-Besteuerung**. Die Steuerschuld entsteht erst mit Ablauf des Monats, in dem die Leistung bezahlt worden ist. Dies gilt ebenso bei teilweiser Zahlung bzw. bei Anzahlung. Unabhängig davon erfolgt der Vorsteuerabzug immer mit Rechnungsdatum. Aus Vereinfachungsgründen und in Anlehnung an die Bestimmungen des Einkommensteuerrechts ist es jedoch zulässig, auch den Vorsteuerabzug erst bei Zahlung der Rechnungen durchzuführen.

Beispiel 6: Berechnung der USt-Zahllast

Einnahmen und Ausgaben für August

	netto	USt	**Summe**
Einnahmen aus Gästezimmervermietung	3.000,–	300,–	
Summe der Umsatzsteuer für August			**300,–**
	netto	VSt	
Betriebskosten August bezahlt	500,–	100,–	
Betriebskosten August bezahlt	200,–	20,–	
Instandhaltung August bezahlt	700,–	140,–	
Summe der Vorsteuer für August			**260,–**
Differenz = Zahllast für August			**40,–**

Entstehung der Steuerschuld = Ende August

Fälligkeit der Steuerschuld = 1 Monat und 15 Tage nach dem Ende des Monats der Entstehung der Steuerschuld = 15. Oktober

Wie werden durchlaufende Posten im Zusammenhang mit der USt gehandhabt?

Wie bereits bei der Einkommensteuer erwähnt, ist ein durchlaufender Posten ein Betrag, den der Vermieter im Namen und für Rechnung eines anderen vereinnahmt bzw. verausgabt. Durchlaufende Posten z.B. Kautionen stellen kein Entgelt im Sinne des Umsatzsteuergesetzes dar. Daher wird auch keine Umsatzsteuer verrechnet.

Was muss eine Rechnung beinhalten?

Zu beachten ist in diesem Zusammenhang, dass diese Bestimmungen nicht nur für Rechnungen, welche Sie ausstellen, sondern auch für solche, die bei Ihnen eingehen, gelten. Um den Vorsteuerabzug nicht zu verlieren, ist es wichtig, sämtliche Rechnungen, die Sie erhalten, auf folgende Merkmale hin zu überprüfen:

Abbildung 2: Bestandteile einer Rechnung

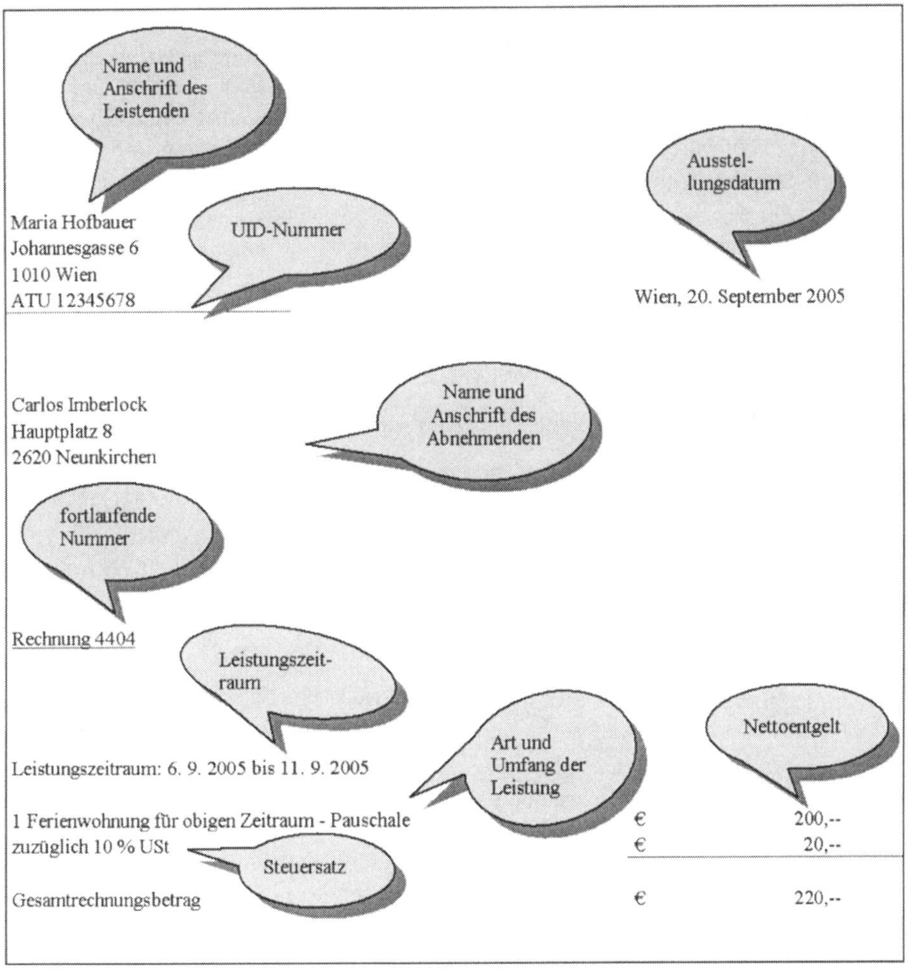

Für „**Kleinbetragsrechnungen**", das sind Rechnungen bis zu einem Bruttoentgelt von EUR 150,–, können folgende Elemente bei der Rechnungsausstellung weggelassen werden:

- der Name und die Anschrift des Abnehmers, also des Gastes
- das Nettoentgelt
- der Steuerbetrag
- die fortlaufende Nummer
- die UID-Nummer

2.5. Aufzeichnungspflicht und Ordnungsmäßigkeit

Welche laufenden Aufzeichnungen sind zu führen?

Es gibt im Abgabenrecht keine eindeutige Definition, was unter einer „Aufzeichnung" zu verstehen ist. Der Vermieter hat **Aufzeichnungen über alle Einnahmen und Ausgaben** zu führen (§ 126 BAO, § 4 Abs 3 und § 44 Abs 4 EStG). Diese Aufzeichnungen dienen der Ermittlung des steuerpflichtigen Ergebnisses und in weiterer Folge der Ermittlung der an das Finanzamt zu entrichtenden Steuern.

Zum **Inhalt der Aufzeichnungen** ist festzuhalten:

- ➲ Die Betriebseinnahmen und die Betriebsausgaben sind fortlaufend zu erfassen.
- ➲ Die bloße Sammlung der Belege stellt keine Aufzeichnung dar.
- ➲ Die Einnahmen und die Ausgaben sind zum Ende eines Kalenderjahres zusammenzurechnen.

Für den Fall, dass Umsatzsteuerpflicht besteht, muss der Vermieter fortlaufend **Aufzeichnungen** führen, die eine Ermittlung der **Umsatzsteuer** ermöglichen (§ 18 UStG).

Beschäftigt der Vermieter in seinem Unternehmen Arbeitnehmer, so hat er gemäß § 76 EStG für jeden Beschäftigten ein **Lohnkonto** zu führen.

Darüber hinaus gibt es spezielle Bestimmungen des Einkommensteuerrechts, z.B. ist für die Geltendmachung der Abschreibung ein Anlagenverzeichnis zu führen.

Beantwortet ist bis jetzt die Frage nach dem **„Was ist aufzeichnungspflichtig?".**

Eine Antwort auf die Frage nach dem

„Wo sollen diese Aufzeichnungen erfolgen?"

ist jedoch aus dem Gesetz nicht ablesbar. Die Wahl und die Zusammenfassung der verschiedenen Aufzeichnungen obliegt somit dem einzelnen Steuerpflichtigen bzw. dessen Berater. Zur Vornahme der Aufzeichnungen können sowohl selbst angefertigte als auch die im Handel erhältlichen Formulare verwendet werden. Eine EDV-mäßige Erfassung der Belege ist ebenfalls zulässig.

In der Praxis werden daher die Aufzeichnungen für die Einkommensteuer einerseits und die Umsatzsteuer andererseits nicht getrennt voneinander geführt. Es wird – soweit wie möglich – den Bestimmungen beider Abgabengesetze in „gemeinsamen" Aufzeichnungen entsprochen.

Die Aufzeichnungen müssen so gestaltet sein, dass die einmal gewählte Methode eindeutig erkennbar ist und unter gleichbleibenden Verhältnissen beibehalten wird.

Sicherlich ist jeder Vermieter bemüht, seine Aufzeichnungen unter Berücksichtigung aller gesetzlichen Anforderungen so zu organisieren, dass

- die Führung der Aufzeichnungen unter minimalstem Zeitaufwand zu bewältigen ist und
- zugleich die Übersichtlichkeit bei den zu führenden Aufzeichnungen gewahrt bleibt, damit die Jahresabschlussarbeiten nicht unnötig kompliziert werden.

Beispiel 7: Muster für eine Einnahmen-Ausgaben-Verteilungstabelle

Beleg	Datum	Text	Bruttoeinnahmen	Bruttoausgaben	Vorsteuer	**Ausgaben-Verteilungs-Tabelle** (netto)			
						Energie	Telefon	Betriebskosten	. . .

Welche Vorschriften über die Ordnungsmäßigkeit sind zu beachten?

Die Bestimmungen über die Ordnungsmäßigkeit der Führung der Aufzeichnungen stehen in den § 131 und § 132 Bundesabgabenordnung, z.B.

- Die Eintragungen sollen der Zeitfolge nach geordnet, vollständig, richtig und zeitgerecht vorgenommen werden.
- Die Eintragungen sollen nicht mit leicht entfernbaren Schreibmitteln erfolgen.
- Die Aufzeichnungen und die Belege sind sieben Jahre aufzubewahren.

2.6. Sozialversicherung

Unterliegt die Vermietungstätigkeit der Sozialversicherung?

In Österreich unterliegen ausschließlich Einkommen aus einer Erwerbstätigkeit der Pflichtversicherung in der gesetzlichen Sozialversicherung. Insofern es sich bei der Vermietungstätigkeit um bloße Wohnraumvermietung, also **Vermögensverwaltung**, handelt, unterliegt diese daher **keiner Pflichtversicherung**.

Für Informationen bezüglich Sozialversicherung in Zusammenhang mit gewerblicher Vermietung wird auf die Homepages der Sozialversicherungsanstalten verwiesen.

Sozialversicherungsanstalt der gewerblichen Wirtschaft: http://esv-sva.sozvers.at
Sozialversicherungsanstalt der Bauern: www.svb.at

Dürfen Sie die Gästezimmervermietung bei Pensionsantritt fortführen?

Nachdem, wie bereits im vorigen Kapitel erwähnt, die Zimmervermietung im Rahmen des häuslichen Nebenerwerbs bzw. als bloße Wohnraumvermietung eine reine Vermögensverwaltung darstellt, sind Einkünfte daraus auch nicht pensionsschädlich. Sozialversicherungsrechtliche Zuverdienstgrenzen existieren nicht. Sehr wohl unterliegen die Einkünfte aus der Vermietung der Einkommensteuer, das heißt, es ist weiterhin eine jährliche Steuererklärung abzugeben.

In diesem Zusammenhang muss jedoch bei gewerblicher Vermietung aufgepasst werden. Solche Einkünfte sind – sofern eine vorzeitige Alterspension oder eine Erwerbsunfähigkeitspension bezogen wird – pensionsschädlich und die Vermietungstätigkeit muss eingestellt werden.

2.7. Exkurs: „Urlaub am Bauernhof"

2.7.1. Wo liegt die Abgrenzung zur gewerblichen Tätigkeit?

Einnahmen aus der Vermietung von im Bereich des land- und forstwirtschaftlichen Betriebes gelegenen Gästezimmern sind Einkünfte aus Land- und Forstwirtschaft. Die Vermietung von **mehr als zehn Fremdenbetten** ist eine **gewerbliche** Tätigkeit.

Das kurzfristige Vermieten von fünf mit Kochgelegenheit ausgestatteten Appartements an Saisongäste ist im Regelfall noch keine gewerbliche Betätigung.

„Urlaub am Bauernhof" bedeutet nicht, dass die Vermietung von Ferienwohnungen gleichsam in der landwirtschaftlichen Tätigkeit aufgeht. Eine landwirtschaftliche Nebentätigkeit erfordert die für einen Bauernhof typischen und einem „Urlaub am Bauernhof" Attraktivität verleihenden Einrichtungen.

Die Rechtslage auf dem Gebiet der entgeltlichen Überlassung von Wohnräumen für Feriengäste ist **österreichweit nicht bis ins Detail gesetzlich geregelt**. Daher bietet dieses Thema immer wieder Stoff für Diskussionen.

Nach Meinung der Fachgruppe Gastronomie und Hotellerie in der Wirtschaftskammer Oberösterreich und der Landwirtschaftskammer für Oberösterreich gilt die Überlassung von Wohnraum zum Gebrauch ohne jegliche Dienstleistung nicht als gewerbliche Tätigkeit, sondern als bloße Raumvermietung und ist somit nicht auf eine bestimmte Anzahl von Zimmern und Betten beschränkt. Im Falle des Angebotes von maximal drei solchen Ferienwohnungen und mit insgesamt höchstens zwölf Betten liegt noch keine gewerbsmäßige Beherbergung vor. Im Falle einer Kombination von Ferienwohnungen mit Gästezimmervermietung sind demnach maximal 22 Betten möglich (10 Betten im Rahmen der Gästezimmervermietung und 12 Betten im Rahmen von Ferienwohnungen).

Ob eine bloße Wohnraumvermietung oder eine Beherbergung vorliegt, hängt von der Art und Weise der Wohnraumvermietung ab. So spricht z.B. die Verabreichung von Speisen, die tägliche Reinigung der Zimmer, die Einrichtung eines Rezeptionsdienstes, etc. für Beherbergung.

2.7.2. Was ist einkommensteuerrechtlich zu beachten?

Einkommensteuerrechtliche Vollpauschalierung

Die Beherbergung von Feriengästen **bis zu fünf Betten** ist für Land- und Forstwirte steuerlich im Rahmen der **Pauschalierung** erfasst. Es erfolgt eine vereinfachte Besteuerung über den Einheitswert. Aufzeichnungspflichten existieren nicht.

Einkommensteuerrechtliche Teilpauschalierung

Stehen **zwischen fünf und zehn Betten** zur Beherbergung zur Verfügung, liegt ein sogenannter **Nebenerwerb** vor. In diesem Fall müssen Aufzeichnungen über die Einnahmen geführt werden. Im Rahmen der Einkommensermittlung dürfen von diesen Einnahmen die damit in Zusammenhang stehenden Ausgaben abgezogen werden oder es dürfen – aus Vereinfachungsgründen – pauschal 50 % der Einnahmen als Ausgaben in Abzug gebracht werden. Somit ist die Hälfte der Einnahmen beim Finanzamt, zuzüglich zur Pauschalierung, jährlich in die Einkommensteuererklärung aufzunehmen.

2.7.3. Was ist umsatzsteuerrechtlich zu beachten?

Die **Umsatzsteuerpauschalierung** für pauschalierte Land- und Forstwirte ist aus Vereinfachungsgründen **auch für die Gästezimmervermietung** anzuwenden.

Diese Vermietungseinkünfte sind als Einkünfte aus land- und forstwirtschaftlichen Nebenerwerben zu behandeln, wenn die Zimmervermietung als wirtschaftlich untergeordnet gilt. Der Steuersatz beträgt aus Vereinfachungsgründen für das gesamte Entgelt 10 %. Umsatzsteuervoranmeldungen und Umsatzsteuerjahreserklärungen sind grundsätzlich nicht abzugeben.

II. Aus der Praxis

Erwin Kaminek und Sonja Berger

3. Leitfaden für die Errichtung und den Betrieb

3.1. Entscheidung für die Gästezimmervermietung

Gästezimmervermietung bringt nicht ohne Aufwand das große Geld

Gerade von Neueinsteigern wird der Zeitaufwand für die Gästezimmervermietung oft unterschätzt. Um eine gute Auslastung zu erreichen und die Gäste zufrieden zu stellen, ist es notwendig, fast immer telefonisch erreichbar zu sein, täglich die E-Mails zu lesen und zu beantworten – auch im Urlaub, an Feiertagen und an Wochenenden.

Abreisende Gäste müssen verabschiedet und anreisende in Empfang genommen werden und das zu allen möglichen Tages- und Nachtzeiten, denn die Transportmittel richten sich nicht nach Ihrem Zeitplan. Erschwerend kommt hinzu, dass traditionell der Gästewechsel am Wochenende stattfindet. Das heißt wenn „normale" Menschen sich vom Stress der Arbeitswoche erholen, kümmern Sie sich um Ihre Unterkünfte, denn einstellen dürfen Sie als Privatvermieter ja niemanden.

Der Verdienst aus der Vermietung hängt davon ab, wie sehr man sich um seine Gäste bemüht. Um langfristig erfolgreich zu sein und die Gäste an sich zu binden, muss man Zeit in den Kontakt mit dem Gast und Zeit und Geld in die Instandhaltung und laufende Erneuerung der Wohnung investieren. Der Erfolg zeigt sich in positiven Rückmeldungen der Gäste, Weiterempfehlungen und einem größeren Anteil von Stammgästen. Die erfreuliche Folge sind geringere Aufwendungen für das Akquirieren von Gästen bzw. eine höhere Auslastung auch in der Nebensaison.

Vor- und Nachteile von kurz- und langfristiger Vermietung

Wenn Sie eine leerstehende Wohnung haben und noch unentschlossen sind, ob Sie diese kurzfristig an Urlaubsgäste vermieten wollen, oder doch lieber „traditionell" langfristig (Mieter bekommt nur die Wohnung und ev. Möbel. Für Strom, Gas, Telefon, etc. ist der Mieter verantwortlich), kann Ihnen die folgende Tabelle bei der Entscheidung helfen:

Tabelle 3: Vor- und Nachteile kurz- und langfristiger Vermietung

Kurzfristige Vermietung an Urlaubsgäste	Langfristige Vermietung „normale" Mieter
Höhere Einnahmen	Niedrigere Einnahmen
Größerer finanzieller und zeitlicher Aufwand für Instandhaltung der Wohnung (höhere Anforderungen an Ausstattung, Ersetzen von abgenützter oder beschädigter Ausstattung, auch Hausmeisterarbeiten, wie verstopfte Rohre, . . .)	Geringerer Aufwand für die Instandhaltung
Ich kann frei über den Preis entscheiden.	Fällt unter das Mietrechtsgesetz, daher eventuell staatlich geregelter Preis, Beschränkungen bezüglich Mietdauer und mehr.
Ich kann flexibel über die Nutzung entscheiden und bei Bedarf (fast) jederzeit selbst die Räumlichkeiten nutzen.	Sehr unflexibel; bei Eigenbedarf ist es manchmal schwierig den Mieter „hinauszubekommen".
Unregelmäßige Einnahmen (Haupt-/Nebensaison), es gibt aber immer laufende Kosten abzudecken.	Die Einnahmen fallen regelmäßig an.
Die Mieter wechseln regelmäßig, jene die Probleme machen, muss ich ja nicht mehr nehmen.	Wenn der Mieter Probleme macht, kann ich (fast) nichts dagegen unternehmen.
Großer Zeitaufwand für Kommunikation mit Gästen	Wurde ein Mieter gefunden, ist kaum mehr Kontakt nötig.
Zwischenmenschlich sehr interessant: Man lernt Menschen und Kulturen aus aller Welt kennen.	
Die Bewerbung der Unterkunft nimmt Zeit und Geld in Anspruch.	Die Unterkunft muss nur im seltenen Fall des Mieterwechsels beworben werden.
Eine gründliche Reinigung der Wohnung ist nach jedem Gast erforderlich.	Der Mieter reinigt sich die Wohnung selbst.
Mit einer Vollzeitbeschäftigung (ohne Unterstützung durch die Familie) nur schwer vereinbar.	Leichter mit Beruf vereinbar.
Bei internationalem Publikum sind Fremdsprachenkenntnisse von Vorteil.	In der Regel keine Fremdsprachenkenntnisse erforderlich.

Es zeigt sich also anhand dieser Aufstellung schon ganz deutlich, dass erfolgreiche Gästezimmervermietung auch eine große Portion persönlichen Einsatz erfordert.

Natürlich gibt es auch noch **Mischformen**, bei denen Sie die Wohnung mittelfristig (einige Wochen, Monate) inklusive kompletter Ausstattung, Strom, Heizung, Telefon, Kabel-TV, etc. vermieten. Falls Sie das beabsichtigen, sollten Sie den Abschnitt über das Mietrechtsgesetz im rechtlichen Teil besonders genau lesen, damit Sie sich bestmöglich absichern können.

Fragen, die Sie sich als zukünftige(r) Vermieter(in) stellen können, um Klarheit zu finden:

- Wie viel Zeit kann und will ich in die (Privat)vermietung investieren? Reicht die Zeit aus, um alles zu erledigen?
- Ist die (Privat)vermietung mit meinem Beruf vereinbar?
- Wer kann mich dabei unterstützen/aushelfen, wenn ich einmal nicht kann? (Krankheit, beruflicher Stress, Urlaub, . . .)
- Macht mir der Kontakt mit den Urlaubsgästen Spaß? Kümmere ich mich gerne um meine Gäste und deren Anliegen?

3.2. Wohnungskauf

Bei der „klassischen" Privatzimmervermietung im häuslichen Nebenerwerb ist dieser Schritt nicht notwendig. Der Trend geht jedoch weg vom traditionellen Gästezimmer (womöglich noch mit geteiltem Bad und Klo) zu kleinen Ferienwohnungen, die gerade im städtischen Bereich oft nicht am Wohnort des Vermieters liegen. In diesem Fall kann der Kauf einer Wohnung nötig werden.

> **Achtung!**
> Sollte die (Ferien)Wohnung außerhalb Ihrer privaten Wohnung liegen, fallen Sie nicht unter die Privatvermieterregelung. Es gibt dann die Möglichkeit einer reinen Raumvermietung oder der Anmeldung eines (freien) Gewerbes. Informationen zur rechtlichen Lage finden Sie im Kapitel „1. Rechtliche Grundlagen". Eine genaue Anleitung zur besten Vorgehensweise lässt sich jedoch nur aus Ihrer konkreten Situation ableiten.

Was muss ich beim Wohnungskauf beachten?

- Leicht zu reinigende Bodenbeläge sind von Vorteil.
- Bei größeren Wohnungen sind separat begehbare Zimmer praktischer, weil man einerseits jedes Zimmer als Schlafraum verwenden kann und andererseits bei Bedarf ein oder zwei Räume zusperren und die verbliebene Wohnung günstiger vermieten, um zu vermeiden, dass sie ganz leer steht.
- Eigenschaften der Wohnung wie Eignung für bestimmte Personengruppen (z.B. sehr große Menschen, Behinderte), Wohnungsgröße, Lage, Stockwerk oder Zusatzausstattung im Haus beeinflussen sehr stark, welche Gäste sich angesprochen fühlen und sollten deshalb nach einer Entscheidung für bestimmte Zielgruppen bewusst gewählt werden.

Hinweise zum Wohnungskauf
Weitere Hinweise zum Wohnungskauf (z.B. über die Eigenschaften der Wohnung) gibt es auf www.tourismus-abc.net.

3.3. Was muss ich beim Einrichten beachten?

3.3.1. Allgemein

Bevor Sie Ihre Ferienwohnung oder Ihre Privatzimmer renovieren bzw. einrichten, sollten Sie sich über die folgenden Punkte im Klaren sein, denn abhängig davon werden Sie Einrichtung und Ausstattung wählen.

- **Preis**
  Höhe des Preises, bzw. Preis pro Appartement (Zimmer) oder pro Person (je nachdem, ob eine Kontrollmöglichkeit und Interesse an der Kontrolle gegeben ist oder nicht)
  Der Preis ist abhängig von Größe, Ausstattung und Lage des Appartements, bzw. von eventuell angebotenen Zusatzleistungen.

- **Mindestaufenthaltsdauer**
  Gerade bei Ferienwohnungen zahlt es sich kaum aus, diese für weniger als drei Nächte zu vermieten, weil der Reinigungsaufwand zu groß ist. Die Nachfrage von der Gästeseite wäre aber gegeben.

- **Zielgruppe**
  Wollen Sie eine spezielle Gruppe von Gästen ansprechen? Was benötigen diese Gäste (in der Unterkunft, im Haus, in der Umgebung)?

- **Ausstattung**
  Die Ausstattung ist vor allem ausschlaggebend für eine mögliche Prädikatisierung Ihrer Unterkunft. Diese wird vom Gast wiederum als Entscheidungsgrundlage herangezogen.
  Teile der Ausstattung sind sehr spezifisch für gewisse Gästeschichten. Einige Beispiele sind Baby- oder Kinderausstattung und Spielzeug für Familien, spezielle Bettwäsche für Allergiker, Internetanschluss für Geschäftsreisende, . . .

- **Prädikatisierung ja/nein; wenn ja, welche?**
  Die Prädikatisierung hilft dem Gast dabei, Unterkünfte zu vergleichen und die für ihn richtige auszuwählen. Es obliegt Ihrer Entscheidung, ob Sie Ihre Wohnung prädikatisieren lassen wollen und mit welchem System, bzw. bei welchem Verein.
  Ein Gästebuch im Internet kann die Prädikatisierung ergänzen.

- **Stil der Einrichtung**
  Mögliche Varianten wären zum Beispiel modern, klassisch oder rustikal. Der richtige Stil ist auch von der Lage und Art der Ferienwohnung abhängig. Der Stil der Einrichtung wird Ihr Publikum sehr stark beeinflussen.

- **Vermietung an Raucher und/oder Nichtraucher**
  Eine Nichtraucherwohnung erspart Ihnen Arbeit (häufiges Waschen von Vorhängen, Tischtüchern, Überzügen um den Geruch zu entfernen), schränkt aber auch das Zielpublikum ein.

- **Haustiere ja/nein**
  Wenn Haustiere erlaubt sind, ergibt sich ebenfalls mehr Arbeit mit der Reinigung der Unterkunft und ein größeres Risiko, dass die Einrichtung beschädigt wird.

- **Nationalität der Gäste**
  Woher sollen Ihre Gäste kommen? Dies wird davon abhängen, welche Sprachen Sie sprechen, wie Sie Ihre Unterkunft einrichten oder wie/wo Sie diese bewerben.

Allgemeine Kriterien für die Auswahl der Einrichtung:

- für den Gast zweckmäßig gestaltet
- bietet genügend Stauraum für die mitgebrachten Sachen
- gute Qualität,
- leicht und schnell zu reinigen
- flexibel zu gestalten (z.B. auf Rollen, zwei Einzelbetten statt fixem Doppelbett, . . .)

3.3.2. Gibt es Förderungen für Umbau und Renovierung?

Es gibt sowohl für Privatvermieter als auch für gewerbliche Tourismusbetriebe eine Vielzahl von Förderungen. Diese reichen von Zinsenzuschüssen bei Existenzgründung über teilweise Kostenübernahme für Modernisierung und für den Umbau von bestehenden Zimmern zu Ferienwohnungen bis zu Förderungen für effizientere Nutzung von Energie.

Sollten Sie eine teilweise oder komplette Renovierung Ihrer Unterkünfte anstreben, empfiehlt es sich, zuvor Informationen über eventuelle Förderungen einzuholen.

Informationen gibt es bei der Österreichischen Hotel und Tourismusbank (siehe auch Kapitel „6.3. Weitere touristische Adressen in Österreich", bei Ihrer Landesregierung, bei Ihrer Gemeinde und eventuell auch bei Ihrer Hausbank.

3.3.3. Kleine Fehler mit großer Wirkung

Wir möchten in diesem Kapitel die vielen kleinen Fehler aufzeigen, deren Behebung nicht viel kostet, aber große Wirkung zeigt.

■ Beispiel 1 „Geschirrtuchhaken"

Ein Gasthof hat in ein neu eingerichtetes Appartement viel Geld investiert, aber auf Haken für die Geschirrtücher um einen Euro vergessen. Mindestens 3 mal am Tag ärgert sich der Gast, weil er nicht weiß, wo er das Geschirrtuch hinhängen soll.

■ Beispiel 2 „Drei schöne Badetücher"

Ein wunderschönes neues Badezimmer. Für die Familie gibt es 3 Handtuchgarnituren. Vier Sterne zieren das Haus. Alles perfekt! Oder?

Selbst wenn Familienangehörige (Mutter, Schwester, Schwager, . . .) im selben Wohnraum Urlaub machen wollen, so wollen die meisten doch „ihr" eigens Handtuch benutzen. Mit drei gleichen Farben schwer auseinander zu halten. Besser wäre gewesen, wenn der Gastgeber drei verschiedenfarbige Garnituren ins Appartement gehängt hätte.

■ Beispiel 3 „Thermometer"

Nicht lebensnotwendig, aber man schaut schon mal gerne nach dem Aufstehen auf ein Thermometer, um zu wissen wie kalt oder warm es ist. Ein Thermometer, am äußeren Fensterflügel montiert, kostet etwa 5 Euro und der Gast freut sich.

■ Beispiel 4 „Kofferablage"

Planen Sie bei einer Neugestaltung eines Zimmers/Appartements eine Kofferablage ein. Für ein bis zwei Nächte leben schon mal einige Personen aus dem Koffer. Natürlich können Sie nicht jedem Koffertyp Rechnung tragen. Schalenkoffer benötigen im offenen Zustand besonders viel Platz, aber für Koffer, die nur einseitig bepackt werden, ist eine Kofferablage sehr angenehm.

■ Beispiel 5 „Kleiderbügel"

Kleiderbügel kosten nicht viel, machen aber einen wesentlich besseren Eindruck, wenn alle gleich aussehen und eine Querleiste für Hosen vorhanden ist. Bitte keine Drahtbügel von der Putzerei verwenden.

■ Beispiel 6 „Himmelbett"

Im kleineren Umfang oder bei bereits bestehenden Zimmern lässt sich mit etwas Fantasie und relativ kleinen Aufwendungen ein angenehmes und originelles Ambiente für den Gast schaffen. Zum Beispiel lässt sich bei entsprechenden Betten nachträglich ein „Himmelbett-Aufsatz" realisieren. So kann man verbunden mit neuen Vorhängen und Bildern ein „altes" Zimmer nett gestalten. Natürlich ist dieses dann nicht mit dem Ambiente eines großen Themenhotels zu vergleichen, aber der Gast merkt, dass Sie um ihn bemüht sind.

> **Praxistipp:**
> Um herauszufinden, ob Ihre Unterkunft optimal ausgestattet ist oder nicht, schlafen Sie doch einfach selbst einige Nächte darin! Sie werden staunen, was Sie alles bemerken.

Sämtliche Abbildungen zu den hier angeführten Beispielen, sowie weitere Bilder sehen Sie auf der Homepage www.tourismus-abc.net.

3.3.4. Außergewöhnliches

Diese Aufzählung von außergewöhnlichen Einrichtungsideen ist willkürlich ausgewählt und hat den Zweck, Ihre Gedanken anzuregen, damit Sie auf eigene, zu Ihrer Unterkunft passende, Ideen kommen.

Erotik-Möbel

Mit außergewöhnlichen Einrichtungen machen Sie von sich reden. So produziert zum Beispiel die Tischlerei Abler unter anderem Erotik-Möbel. Die Möbel sind so konstruiert, dass das Zimmer fürs Erste als normales Zimmer erscheint. Mit wenigen Handgriffen kommen alle Konstruktionen, die dem Zwecke dienlich sind, zum Vorschein.

Tischlerei Abler 6471 Arzl/Pitztal	Tel: 05412/640 10 Internet: www.erotikzimmer.com

Romantische Erlebniswelten

Im oberösterreichischen Mühlviertel führt die Familie Pürmayer das Romantik Ressort Hotel Bergergut. Die Vielfalt der Themensuiten, die sinnliche Kulinarik, eine tolle Wellnesslandschaft, sowie Licht-Musik-Wasserspiele im Romantikpark begeistern Stammgäste und Frischverliebte jeden Alters. Das Himmelbettzimmer, die Teufelshöhle oder die Erlebnissuiten sind nur ein Teil der gesamten Hotelanlage.

Eine solche Anlage ist natürlich das Nonplusultra von Architektur, Management und entsprechender Finanzgebarung.

Ähnliches gilt auch für das Wellnesshotel Eggerwirt der Familie Moser im Lungau in Salzburg.

Romantik Resort Hotel – Bergergut 4170 Afiesl 7	Internet: www.romantik.at
Wellnesshotel Eggerwirt 5582 St. Michael	Internet: www.eggerwirt.at

Baumhaus

Es muss nicht immer eine Großanlage mit 5000m^2 sein. Erlebnisurlaube, von denen man noch Jahre spricht, lassen sich auch mit kleinen Investitionen auf kleinen Flächen realisieren. So hat z. B. die Niederösterreichische Landesregierung auf ihrer Homepage eine eigene Seite gestaltet, auf der zu lesen ist:

„Spielen ist die kindgemäße Art zu leben, Kinder müssen spielen, da sie über das Spiel sich und ihre Umwelt erfahren", erklärt DI Peter Ojo, der Spielplatz-Spezialist von „NÖ gestalten".

Sein Anliegen ist, Kindern einen erlebnisreichen Raum zum Spielen zu bieten. „NÖ gestalten" hat daher fünf unterschiedliche Prototypen von Baumhäusern entwickelt, die auf Spielplätzen in NÖ eingesetzt werden können und die den Sicherheitsnormen entsprechen.

Gemeinden, die Interesse daran haben, können einen kostenlosen Plan (inklusive Beratung) bei „NÖ gestalten" anfordern:

Amt der NÖ Landesregierung	Tel: 02742/9005-15656
Landhausplatz 1/13	mail@noe-gestalten.at
3109 St. Pölten	Internet: www.noe-gestalten.at/aktuelles/baumhaus.htm

Wenn man bedenkt, dass Kinder oft die treibenden Kräfte sind, die bestimmen, wo schnell gegessen werden oder wo der nächste Urlaub stattfinden soll, so ist so ein kleines Holzhaus sicher eine gute Investition.

3.3.5. Inventarliste

Damit nichts vergessen wird, haben wir eine Inventarliste zusammengestellt, welche keinen Anspruch auf Vollständigkeit erhebt, sondern vielmehr als Ideenlieferant dienen soll. Zu finden auf www.tourismus-abc.net

3.4. Spezialisierungen

Es gibt vielfältige Möglichkeiten, Ihre Unterkünfte an die Bedürfnisse verschiedener Urlaubergruppen anzupassen.

Beispiele sind: Unterkünfte für Familien, ältere Personen, Allergiker, Behinderte, Reiter, Wanderer, Golfer, Radfahrer, Mountainbiker, Motorradfahrer, Taucher, Jäger & Fischer, Geschäftsleute, Bio-Unterkünfte, Unterkünfte mit Wellnessangeboten und vieles mehr.

Informationen zu diesen Gruppierungen gibt es im Internet und bei den Tourismusorganisationen (siehe Abschnitt „III. Hintergrundinformationen").

3.5. Instandhaltung der Unterkunft

Die Einrichtung einer Unterkunft ist Bestandteil einer Klassifizierung (Prädikatisierung). Möbel zu belassen, die durch Abnützung schmuddelig, verkratzt, durchgesessen, muffelig, etc., oder einfach altmodisch sind, schafft kein Wohlfühlambiente für den Gast. Daher ist eine entsprechende Modernisierung der Einrichtung in gewissen Abständen zweckmäßig. Ein Schrank wird wahrscheinlich nicht so sehr abgenutzt wie ein Teppich. Infolgedessen sind sicher auch Teilrenovierungen sinnvoll.

Zur Instandhaltung zählt auch die **Kontrolle des Inventars** (Geschirr, Besteck, Kleiderbügel, etc.) nach Abreise der Gäste. Den nächsten Gast interessiert es nicht, ob die Ausstattung vor kurzem oder langem verschwand oder beschädigt wurde. Er legt Wert darauf, dass alles da ist was er braucht, um sich wohlzufühlen.

Ganz wichtig, auch in Bezug auf die Haftung (siehe „1.8. Haftung"), ist die regelmäßige **Kontrolle Ihrer elektrischen Geräte**. Lassen Sie defekte Geräte unverzüglich wieder in Stand setzen und achten Sie generell darauf, dass **keine kaputten oder angeschlagenen Gegenstände** in Ihrer Unterkunft befinden.

☞ **Praxistipp: Rücklagen**

Damit Sie Ihren Standard halten können, muss die Einrichtung regelmäßig ersetzt und fehlende oder defekte Bestandteile der Ausstattung ergänzt bzw. ausgetauscht werden. Diese Investitionen können teuer sein, **bilden Sie also rechtzeitig Rücklagen für die Instandhaltung!**

Vergessen Sie in der Hauptsaison nicht darauf **Rücklagen für die „toten Zeiten"** zu machen, denn die laufenden Kosten (Kreditrückzahlung, Wasser, Strom, Telefon, Kabel-TV, u. Ä.) fallen auch dann an!

3.6. Versicherung

Um die größten Risiken abzudecken empfehlen wir Ihnen eine Rechtschutzversicherung und Haushaltsversicherung(en) abzuschließen. Generell sind Versicherungen im Privatbereich billiger. Viele Versicherungen stufen Sie aber auf Grund Ihrer Tätigkeit, trotz der Bezeichnung „Privat"vermietung, als gewerblichen Betrieb ein.

Weisen Sie daher beim Vertragsabschluss von Haushalts- oder Rechtschutzversicherung definitiv auf Ihre Vermietung hin, um sicherzugehen, dass nicht nur Ihr persönlicher Privatbereich versichert ist, sondern auch die Zimmer und Appartements.

Falls Sie Unterkünfte an verschiedenen Standorten haben, vergessen Sie nicht, das im Gespräch mit dem Versicherungsvertreter zu erwähnen.

Bei der **Rechtschutzversicherung** ist außerdem darauf zu achten, dass der Rechtschutz auch international gilt.

Eine **Haushaltsversicherung** deckt Schäden in der Unterkunft ab. Beachten Sie jedoch, dass diese in der Regel nicht für Schäden aufkommt, die der Gast verursacht und auch nicht Gegenstände ersetzt, die z.B. dem Gast gestohlen werden.

Für Schäden, für die der Gast verantwortlich ist, haftet in der Regel dessen Haushaltsversicherung oder manchmal dessen **Reiseversicherung**. Sie könnten z.B. dem Gast eine Reiseversicherung vorschlagen, die auch Schäden an Ihrer Unterkunft abdeckt.

3.7. Prädikatisierungen

Warum lässt sich für eine Prädikatisierung bzw. Klassifizierung so schwer ein gemeinsamer Nenner finden?

Sowohl global gesehen, wie auch auf nationaler und regionaler Ebene gibt es große Unterschiede in Gewohnheiten und Gebräuchen. Genauso unterschiedlich sind die Bedürfnisse der Gäste, die je nach Urlaubsart unterschiedliche Anforderungen an die Unterkünfte haben.

Zum Beispiel gibt es – auf den österreichischen Tourismus bezogen – unter anderem den Winter-, Sommer-, Wander-, Sightseeing- oder Wellnesstourismus. Der Schitourist am Berg benötigt andere Einrichtungen als der Badeseeurlauber. Der Gast bei „Urlaub am Bauernhof" hat sicher andere Erwartungen als der Städtetourist, der Konzerte oder Kongresse besucht.

Aus diesen Gründen ist es schwer, einheitliche Richtlinien für eine Region oder ein Land oder gar mehrere Länder zu definieren. Das Ergebnis sind viele unterschiedliche Prädikatisierungssysteme in denen sich Gäste und Vermieter zurechtfinden müssen, und in denen es auch in manchen Fällen, aus welchen Gründen auch immer, bei der Prädikatisierungsabnahme zu Unregelmäßigkeiten kommt.

Informationen zu Prädikatisierungen gibt es beim Landesverband Ihres Bundeslands oder bei den jeweiligen Plattformen, die eine eigene Bewertung anbieten.

Auf **Internetseiten** kann ein **Gästebuch** die Prädikatisierung ergänzen. So hat es sich etwa beim „Apartment Service Vienna" www.apartment.at bewährt, zusätzlich zur offiziellen Prädikatisierung, den Gästen eine Bewertungsmöglichkeit über das Internet zu geben, da diese ein Barometer dafür ist, ob die Erwartungen der Gäste auch erfüllt werden. Bei der Gästebewertung werden auch Parameter berücksichtigt, die in der (einmaligen) Prädikatisierung nicht oder nur schlecht erfasst werden können, wie Freundlichkeit oder Sauberkeit.

3.8. Reklamationen

Informationen im Internet

Wenn stets darauf geachtet wird, dass das Zimmer/Apartment jedem Gast in ordnungsgemäßem Zustand übergeben wird, kommt es im Normalfall zu keinen Reklamationen. Wer dennoch aus den Fehlern anderer lernen will, kann hin und wieder auf verschiedene Webseiten schauen und nachlesen, worüber sich Urlauber beschweren, was ihnen wichtig ist, wie auf Reklamationen reagiert wird, etc.

Reklamationsstellen und Foren

www.diemucha.at:
Ein Konsumenten Forum in dem man nicht nur touristische Angelegenheiten beanstanden oder loben kann.

www.konsument.at
Homepage des Vereins für Konsumenteninformation

Beschwerdeanlaufstelle im Bundesministerium

Das Ministerium hat auch eine Beschwerdestelle für Streitigkeiten eingerichtet. Dieses Service ist sicher für beide Streitteile (Vermieter, Gast) eine gute Sache, denn Streitigkeiten vor Gericht auszutragen ist immer kostspielig, langwierig und zeitraubend. Die Servicestelle kann zwar keine Urteile fällen, aber doch vermittelnd eingreifen. Auf der Homepage der Tourismusabteilung können Sie ein zweiseitiges Beschwerdeformular herunterladen.

Tourismus-Servicestelle
MR Dr. Elisabeth Reindl-Babitsch
Bundesministerium für Wirtschaft und Arbeit
Stubenring 1
1010 Wien

Tel: 01/26 200 und 01/711 00-55 97
Fax: 01/711 00-23 87
E-Mail: tourism@bmwa.gv.at
elisabeth.reindl-babitsch@bmwa.gv.at
Internet: www.bmwa.gv.at/BMWA/Service/Tourismusservice/

Grenzüberschreitende Schlichtung von Streitfällen

Das „European Extra-Judicial Network" wurde von der Europäischen Kommission initiiert, um eine einfachere außergerichtliche Streitbeilegung von Streitfällen innerhalb Europas zu ermöglichen. Behandelt werden alle Streitfälle zwischen Verbrauchern und Unternehmen in Bezug auf Waren und Dienstleistungen. Konsumenten können sich an die zentrale Clearingstelle im eigenen Land wenden, welche die Beschwerde dann weiterreicht. In Österreich ist die Europäische Verbraucherberatung zuständig.

Natürlich ist diese Institution dafür gedacht, den Konsumenten zu schützen. Sollte es jedoch hart auf hart kommen, können Sie dem Gast vorschlagen, Ihre Probleme auf diesem Weg zu regeln, um ein Gerichtsverfahren zu vermeiden.

Europäische Verbraucherberatung
Mariahilfer Straße 81
A-1060 Wien

Tel: 0810/810 225
E-Mail: europainfo@vki.or.at
Internet: www.eej-net.at

Frankfurter Liste

Was ist die Frankfurter Liste?

Die Frankfurter Liste (Tabelle) wurde bereits im rechtlichen Teil des Buches erwähnt. Sie wird vom Frankfurter Landgericht zur Berechnung von Reisepreisminderungen angewendet. Da die Tabelle für die Gerichte nicht verbindlich ist, wird sie auch nicht an allen

Gerichten verwendet. Trotzdem kann die Tabelle als Richtlinie angesehen werden, zumal sie auch in Österreich immer mehr Verwendung findet.

Frankfurter Liste
Eine **genaue Erklärung der** auf- und abgeschlagenen **Prozentsätze** finden Sie auf www.rechts-praxis.de/frankfurt.htm

4. Leitfaden für die Vermarktung

4.1. Werbung – die Präsentation Ihres Objektes

Manche gewerbliche Vertreter oder auch Mitbewerber sind der Meinung, dass Werbung dem Privatvermieter generell untersagt ist. Die Nennung und Abbildung eines Privatappartements oder Zimmers im örtlichen Tourismusprospekt oder die Präsentation im Internet oder auf der Gemeindeinformationstafel seien schon zu viel des Guten. Nun ja, die Judikatur und die „Ortsüblichkeit" mögen vielleicht Interpretationsspielräume in beide Richtungen zulassen, wenn man aber bei der Gewerbebehörde nachfragt, am Land die Bezirkshauptmannschaft und in einigen Städten das Magistrat, so sind diese sehr wohl der Meinung, dass die Präsentation der Privatzimmer und Appartements in Prospekten, Internet und Hinweistafeln keinen Verstoß gegen das Gewerberecht darstellt.

Berechtigte Einwände gibt es natürlich, wenn die Information irreführend ist, oder die Hinweistafel nicht der Ortsbildpflege entspricht. Daher empfiehlt es sich, sich der jeweiligen „Ortsüblichkeit" anzupassen.

In diesem Kapitel stellen wir einige der häufigsten Werbemittel vor und legen aus der Sicht der Praxis dar, welche Bedeutung diese für Sie als Gästezimmervermieter haben und wofür sich der Aufwand am ehesten lohnt. Doch zunächst noch ein kleiner Exkurs:

4.1.1. Abardement oder Apardemount?

Gleich vorweg, beide Schreibweisen sind falsch. Zimmer, Ferienhaus, Schihütte und Ferienwohnung ist für einen deutschsprachigen Gast noch relativ einfach zu verstehen und zu schreiben. Bei dem Fremdwort für Ferienwohnung wird es schon komplizierter. Daher ein kleiner Auszug aus dem Wörterbuch.

Ap**p**art**e**ment oder Apartment, beide Wörter findet man im „Österreichischen Wörterbuch" jedoch ist Apartment die englische Schreibweise und Appartement kommt vom französischen. Im Duden liest man „moderne Kleinwohnung" oder „Zimmerflucht in einem größeren (luxuriösen) Hotel", oder „abgeschlossene, abgeteilte Wohnung". Nicht zufällig schreibt man in Italien Appartamento, denn appartare heißt dort abteilen. Und bei den alten Römern mit ihrer lateinischen Sprache bedeutete „abgetrennt – a parte."

Sollten Sie Ihr Appartement (Apartment) bewerben, so achten Sie bitte auf die Schreibweise. Insbesondere, wenn Ihnen von der Druckerei ein Dokument (zum Beispiel ein von Ihnen in Auftrag gegebener Hausprospekt) zur Korrekturlesung vorgelegt wird.

Ein Beispiel, wo die Kontrolle zu spät kam
Wie man Appartement noch falsch schreiben und groß ankündigen kann, sehen Sie auf der Homepage www.tourismus-abc.net

4.1.2. Zeitungen (Inserate)

Diese sind relativ teuer, da Inserate nur für einen kurzen Zeitraum aktuell sind und meist nur regional erscheinen. Daher geht die Kosten-Nutzen-Rechnung bei einem Inserat für ein einzelnes Objekt meistens nicht auf. In einem (Orts)Verband oder einer kleineren Gruppe, wo die Kosten aufgeteilt werden können, kann eine Einschaltung profitabel sein.

4.1.3. Mundpropaganda

Sie ist sicherlich die beste und kostengünstigste Werbung. Einziger Nachteil: Es vergeht eine lange Zeit bis man mit Stammgästen oder „Empfehlungsgästen" eine gute Auslastung bekommt.

4.1.4. Ansichtskarten

Eine sehr günstige Werbemöglichkeit sind Ansichtskarten für die eigene Unterkunft. Am einfachsten ist die Kombination von Bildern Ihres Hauses oder Appartements mit einer bereits bestehenden Ansichtskarte mit Sehenswürdigkeiten aus der jeweiligen Umgebung. Ansichtskartenverlage lassen durchaus mit sich reden, indem sie bestehende Motive mit Ihren hauseigenen Motiven mischen. Der angenehme Werbeeffekt ergibt sich, wenn Sie nicht zu gewinnorientiert denken und „Ihre" Hauskarte dem Gast schenken. Er wird dieses Angebot sicher gerne annehmen und Ihre Karte auf eigene Kosten in die große weite Welt hinausschicken.

Ansichtskartenverlage finden Sie in jedem Branchentelefonbuch oder im Internet. Außerdem steht auf jeder Ansichtskarte der Verlag. Sinnvoll ist natürlich ein Verlag in Ihrer Region, der alle Sehenswürdigkeiten schon abgebildet hat und bei dem vor allem die Bildrechte (Copyright) liegen.

4.1.5. Aktionen

Aktionen sind Aktivitäten, die aus dem Rahmen fallen und mit denen Sie Aufmerksamkeit erregen. Sie bieten auch hervorragendes Material für Presseaussendungen.

Beispiele wären Gewinnspiele in Verbindung mit Gemeindefestivitäten, Preisaktionen für Stammgäste oder Gratis-Eintrittskarten für Fest- oder Sportveranstaltungen für Ihre Stammgäste.

Es können auch gemeinschaftliche Aktionen in Zusammenarbeit mit anderen Vereinen gemacht werden.

Je ausgefallener oder spektakulärer so eine Aktion ist, desto mehr wird man davon reden. Ich denke da zum Beispiel an eine ansässige Paragleiterschule, die wöchentlich sonntags nicht nur einen normalen Paragleiter heruntersegeln lässt, sondern dieser Paragleiter verstreut in der Luft Gutscheine von örtlichen Gasthäusern, Sportgeschäften, Lebensmittelgeschäften oder Gratistage bei Unterkunftsgebern. Die Gutscheine dürfen dann nur von Urlaubsgästen eingelöst werden, unter den Motto „Betriebsangehörige" sowie Einheimische sind von der Teilnahme ausgeschlossen. Dies ist nur ein Beispiel. Nun ist Ihre Kreativität gefragt!

4.1.6. Presseaussendungen

Diese sind relativ günstig bis gratis, wenn man über die eigene Bearbeitungszeit und die Portokosten hinwegsieht. Jedoch bedarf es eines besonderen Ereignisses oder einer Skurrilität, die einen redaktioneller Beitrag rechtfertigen.

Ein Beispiel für eine Presseaussendung wäre:

Sie ehren einen Gast, weil er x-mal schon im selben Quartier oder Ort Ferien macht oder weil er sich um besondere Verdienste um die Gemeinde verdient gemacht hat. Verfassen Sie einen entsprechenden Text, machen Sie ein Foto und schicken es an die Lokalzeitung des Ortes, in dem der Gast beheimatet ist. Der Lokalredakteur druckt den Bericht eher, weil er durch die Person einen Bezug zur beheimateten Region hat, der Gast freut sich und die gastgebende Gemeinde hat im Ausland entsprechend „Werbung" betrieben. So machen Sie mit wenig Kosten alle glücklich.

Beachten Sie bei Presseaussendungen Folgendes:

- Der Titel muss Aufmerksamkeit erregen.
- das Wichtigste nach vorne
- Daten, Fakten (müssen korrekt und richtig sein)
- guter sprachlicher Ausdruck, richtige Rechtschreibung, Grammatik und Zeichensetzung
- Schreiben Sie in Bildern, falls nötig vergleichen Sie mit bekannten Dingen, schreiben Sie keine wissenschaftliche Abhandlung
- Text-, Zeichenlänge
- optische Form
- Ansprechpartner, Telefonnummern
- Fotos, Grafiken
- **Achtung bei E-Mail-Versand**: nicht alle Redaktionen sind von Megabyte-großen angehängten digitalen Bildern in den E-Mails begeistert. Erwägen Sie zusätzlich den Versand per Post.
- Wenn Ihnen ein **Artikel in einer bestimmten Zeitung wichtig** ist, nehmen Sie mit dem zuständigen Redakteur Kontakt auf, klären eventuell seine persönliche E-Mail-Adresse, fragen nach dem Format und der Auflösung des Bildes und ob Sie dieses per E-Mail mitschicken dürfen. Achtung! Manche Provider beschränken die Datenübertragung, sodass mitunter drei hochauflösende Bilder nicht weiter geschickt werden.

> ☞ **Praxistipp**
> Finden Sie, bevor Sie mit dem Verfassen der Pressemitteilung anfangen, Antworten auf die „7 Ws“:
>
> | | |
> |---|---|
> | 1) Wer | 5) wann |
> | 2) macht was | 6) wie |
> | 3) warum | 7) mit welchem Effekt bzw. Motiv? |
> | 4) wo | |

Fehler in der Pressemitteilung

Folgendes sind die häufigsten Fehler in Presseaussendungen:

1.) kein Neuigkeitswert

2.) reine Selbstdarstellung/Eigenwerbung

3.) der Bezug zur entsprechenden Zielgruppe fehlt

4.) Information kommt zum falschen Zeitpunkt

5.) Text ist zu lang und umständlich

6.) Tonfall ist belehrend statt informativ

Im Internet werden ebenfalls Presse-Service-Dienste angeboten. Diese sind relativ teuer, zumal Sie keine Kontrolle über den tatsächlichen Versand Ihrer Meldung haben. Es lohnt sich die Mühe, selbst eine kleine Pressekartei anzulegen und diese auch zu warten.

Bedenken Sie, dass ein Redakteur von Berufs wegen dazu da ist, von Neuigkeiten zu berichten. Das ist sein Job. Und wenn Sie ihn in seiner Arbeit unterstützen, indem Sie ihm Ihre Neuigkeiten zukommen lassen, wird er Ihnen sicher dankbar sein.

4.1.7. Messen

Messen haben zwar ein wenig an Bedeutung verloren, bieten aber noch immer gute Präsentationsmöglichkeiten. Prinzipiell gilt hier das gleiche Phänomen wie bei Zeitungsinseraten. Aufgrund der hohen Kosten rentiert sich eine Teilnahme an einer Messe meistens nur in einer Gruppe. Heutzutage läuft die Internetpräsentation der Messepräsentation ein wenig den Rang ab, wobei von allen hier erwähnten Möglichkeiten keine ausgeschlossen werden soll und in Kombination alle mehr oder weniger ihre Berechtigung haben.

4.1.8. Gemeindeinfostellen

Viele Tourismusgemeinden bieten an zentraler Stelle, meistens beim Gemeindeamt, eine Informationsstelle an. Das Informationsangebot ist unterschiedlich: sei es nun eine Sammlung von Prospekten, ein großer Ortsplan mit den Unterkunftsgebern, mitunter kombiniert mit elektronischen Leuchtdioden oder sogar mit der Möglichkeit, mittels Telefonverbindung mit dem Unterkunftsgeber Kontakt aufzunehmen. Wie auch immer. Ob diese Präsentation zielführend ist, hängt von der jeweiligen Lage und Ausführung ab. Es empfiehlt sich, Erfahrungswerte bei Kollegen oder im Nachbarort einzuholen. Ich denke, es wird eine Minderheit von Gästen sein, die auf diesem Weg zu Ihnen findet. Wenn es nicht allzu teuer ist, sollten Sie bei solchen Ortsinformationsstellen dennoch dabei sein.

Apropos Gemeinde. Die Gemeinde Neukirchen am Großvenediger ist mir vor Jahren schon mit ihren innovativen Ideen aufgefallen. Sie hat am Ortsschild eine Zusatztafel mit der Internetadresse ihres Ortes angebracht.

4.1.9. Werbemittel im Vergleich

Wie bereits bei den einzelnen Werbemaßnahmen angedeutet, sind einige für den einzelnen Vermieter unverhältnismäßig teuer. Es empfiehlt sich daher, diese in Zusammenarbeit mit anderen Vermietern durchzuführen. Die Zusammenarbeit kann dabei entweder temporär für eine bestimmte Aktion, oder aber im Optimalfall längerfristig, unter Verwendung eines eigenen Markennamens erfolgen.

Die folgende Tabelle zeigt Ihnen nochmals im Überblick, welche Werbemittel für wen geeignet sind. Sie stellt eine Richtlinie dar, die jedoch nicht auf jeden Einzelfall zutreffen muss.

Tabelle 4: Werbemittel im Vergleich

Werbemaßnahme	einzelner Vermieter	Regionsgruppe
Inserate	meist zu teuer	sehr gut geeignet
Mundpropaganda	beste Werbung für den einzelnen Vermieter	sehr gut (ABER: Einzelne schwarze Schafe können sich negativ auf die ganze Gruppe auswirken!)
Ansichtskarten	sehr gut geeignet	gut geeignet, wenn es eine gemeinsame Homepage gibt
Aktionen	als Einzelperson schwierig	sehr gut geeignet
Presseaussendungen	als Einzelperson schwierig	sehr gut geeignet
Messen	meist zu teuer	gut geeignet
Gemeinde Infostellen	gut geeignet	gut geeignet
Eigene Homepage *	gut geeignet (aufwändig)	sehr gut geeignet
Eintrag in große Unterkunftsdatenbanken *	sehr gut geeignet	für Gruppen meist nicht möglich oder teuer
Prospekte	gut geeignet, aber teuer und unflexibel	gut geeignet (Wenn sich die Gruppe ständig ändert, kann die Aktualisierung problematisch sein)

Werbemaßnahme	einzelner Vermieter	Regionsgruppe
Werbematerial (Feuerzeuge, T-Shirts, Regenschirme, . . .)	gut geeignet, aber wegen geringer Stückzahlen für Einzelpersonen teuer	Gute Möglichkeit, um die Gruppe bekannt zu machen
Mitmachen bei „Österreich Werbung", Tourismusverband	obliegt, aufgrund der regionalen Unterschiede, der eigenen Entscheidung und Beurteilung	obliegt, aufgrund der regionalen Unterschiede, der Entscheidung und Beurteilung der Gruppe

* Detailinformationen siehe Kapitel „4.3. Internetauftritt".

4.2. Einzelkämpfer versus Vereinsmitgliedschaften

Einzelkämpfer

Wenn keine besonderen Umstände vorliegen, sollten Sie dieses Einsiedlerdasein nicht weiter beibehalten. Ein wunderschöner Bergbauernhof der seine eigene Infrastruktur und Lebensmittelversorgung hat, drei Kilometer zu seinen Nachbarn und 5 Kilometer ins Ortszentrum, ist aus geographischer Sicht ein Einzelkämpfer. Das soll und muss aber nicht heißen, dass er nicht doch beim örtlichen Tourismusverein oder „Urlaub am Bauernhof" mit dabei ist und so die Vorteile einer Gruppe nutzen kann.

Ein weiteres Beispiel wäre in der anonymen Großstadt gegeben. Ein Appartement im 2. Stock gleich links beim Aufzug. Lebensmittelgeschäft und diverse Lokale um die Ecke. Die Präsenz und Buchungen über das Internet laufen bestens. Warum also kein Einzelkämpfer sein? Eine Erklärung finden Sie in den nachfolgenden Kapiteln.

Kleine Kollegenkreise

Es kann sich schon mal eine Konstellation ergeben, dass es weder einen touristischen Ortsverband gibt, noch eine Landesorganisation, oder zumindest will man aus irgendwelchen Gründen nicht mit dabei sein. Außerdem haben Privatvermieter keine Kammerzugehörigkeit, sodass es passieren kann, dass einige Privatvermieter auf weiter Flur im Regen stehen gelassen werden. Wäre dies eine Krankheit, könnte man zumindest eine „Selbsthilfegruppe" gründen. Was hier so süffisant dargestellt wird, sollten Sie ernst nehmen und wirklich tun. Organisieren Sie eine „touristische Selbsthilfegruppe" im kleinen Kollegenkreis!

Diese Gruppe kann bereits aus drei Vermietern bestehen. Es können aber bei entsprechender Organisation auch hundert sein. Das Nonplusultra wäre, wenn sich in Ihrer Gruppe ein Computerfreak oder „Homepage-Designer" befände.

Beispiele, wie solche kleinen Kollegenkreise funktionieren:

www.urlaubimzillertal.info
Eigeninitiative von fünf Familien im Zillertal, April 2003 online gestellt.

www.apartment.at
In Wien wurde ebenfalls mit 5 Familien 1996 ohne Fördermittel angefangen, heute sind es bereits über 50 Familien, die sich auf dieser Plattform erfolgreich präsentieren.

www.demregio.at
Diese Plattform (vorläufiger Schwerpunkt Oberösterreich/Salzkammergut) wird von der Firma Telab (office@telab.at) gestaltet und technisch betreut. Um die Organisation kümmern sich die Vermieter in kleinen Gruppierungen in den jeweiligen Regionen selbst, wobei es in jeder Gruppe einen Ansprechpartner gibt. Diese Form der Präsentation ist sicher zielführend und zukunftsweisend.

Wenn auch Sie sich mit einer kleinen Gruppe von Gästezimmervermietern im Internet präsentieren wollen, nehmen Sie ganz einfach Kontakt mit den Verantwortlichen der oben genannten Beispiele auf.

Der „Fremdenverkehrsverein" im Ort

Wenn keine besonderen Gegenargumente vorliegen, sollten Sie mit dabei sein.

Der Regionsverein

Hier wird die Sache schon weitläufiger – im wahrsten Sinne des Wortes. Vorteile einer solchen „Mitgliedschaft" sind die relativ kostengünstige Präsentation bei Messen oder groß angelegte Werbekampagnen, wie auch die Eintragung auf der Homepage des Vereins.

Um herauszufinden, ob sich der Aufwand lohnt, können Sie auch hier unsere Checkliste zur Eintragung in Unterkunftsdatenbanken (im Kapitel „4.3.1. Wie kann ich meine Unterkunft im Internet präsentieren?") verwenden.

Die Landesorganisation

Sie ist notwendig und zu begrüßen. Allerdings ist die individuelle Präsentation hier schwierig, abgesehen von einer Präsentation auf Datenbankbasis mit ein paar Bildern und textlichen Erklärungen. Abzuklären wären die Schwerpunkte der Landesorganisation. In welchem Umfang ist die Organisation für den Gast zuständig und mit wie viel Engagement kümmert sich die Organisation um den Vermieter? Alle Varianten sind möglich und zulässig, nur muss es klar und deutlich gesagt – und getan werden.

Die „Österreich Werbung" hat sogar eine eigene Homepage für die Anbieter gemacht. Die Trennung zwischen Gast und Vermieter wurde hier klar und eindeutig realisiert.

Einige Homepages vermitteln den Eindruck, man hätte es mit Geheimbünden zu tun. Ob eine Gruppe sich „offenkundig" darstellt, erkennen Sie unter anderem am Informationsgehalt der Homepage.

- ➲ Sind Gäste- oder Organisationsphilosophien zu finden?
- ➲ Findet man bei (Landes-)Verbänden, welche meistens Vereine sind, die Statuten?

- Gibt es Aktivitäten?
- Sind Verlinkungen zu Partnern oder ergänzende Links vorhanden?
- Gibt es ein Impressum?
- Gibt es eine Kontaktmöglichkeit zum Webmaster?

4.3. Internetauftritt

Schwerpunkt und am effizientesten für das Akquirieren von Gästen ist die Internetpräsentation. Daher widmen wir diesem Kapitel viel Platz. Wer sich dem Internet oder der Kommunikation mittels E-Mail verweigert, wird über kurz oder lang, eher kurz, auf der Strecke bleiben.

Warum gewinnt das Internet immer mehr an Bedeutung?

Die Antwort liegt auf der Hand. Man bekommt Informationen schnell, billig und ohne die eigene Identität preiszugeben. Im Internet nachzusehen entspricht der heutigen Mentalität, alles sofort haben zu wollen. Man kann heute am gleichen Tag die Idee haben, dass man Urlaub machen will, recherchieren, entscheiden und buchen, ohne das Haus zu verlassen oder auf Prospektzusendungen zu warten.

Es ist auch billiger, Internetseiten im Ausland anzusehen, als eventuell dort anzurufen, um sich mit den Angeboten vertraut zu machen. Außerdem sind Internetseiten im Optimalfall detailreicher und informativer als Hausprospekte und man weiß schon vor dem Urlaub viel genauer, was einen am Urlaubsort erwartet.

Das und noch viel mehr sind Gründe, warum immer mehr Reiselustige ihren Urlaub im Internet buchen, oder sich zumindest vorab informieren.

Statistische Daten

Diese Tatsache wird auch von der Statistik belegt, wie etwa vom Berliner Marktforschungsinstitut ComCult Research, welches in seinem Branchenreport „Tourismus im Internet" interessante Daten zum so genannten E-Tourismus veröffentlicht hat:

- Der Online Reisemarkt ist mit ca. 30 % Anteil am Gesamtumsatz das größte Einzelsegment des E-Commerce (Online-Handel)
- Das Marktvolumen für den europäischen Online Reisemarkt wird laut Prognosen von 2,3 Mrd. Euro im Jahr 2000 auf rund 20 Mrd. Euro im Jahr 2006 ansteigen.
- Bereits 17 % der Bevölkerung gaben an, online Reisen zu buchen. Die Tendenz ist steigend.

www.mafo.at/mafo-at/web/studien/reise-touristik

4.3.1. Wie kann ich meine Unterkunft im Internet präsentieren?

Auch für die Präsentation im Internet gilt, dass viele kleine Bausteine zum Ziel, nämlich einer hohen Auslastung, führen. Es gibt viele verschieden teure Möglichkeiten, die Unterkunft im Internet bekannt zu machen und genauso wie bei der Vermietung selbst hängt der Erfolg von Ihrem Engagement ab.

Grundsätzlich kann man

- eine eigene Seite für seine Unterkunft gestalten (lassen),
- sich mit anderen Gastgebern gemeinsam präsentieren (Regionsgruppen) oder
- sich in diversen Unterkunftsdatenbanken eintragen.

Die Möglichkeiten der Zusammenarbeit wurden auch schon im Kaptitel „4.2. Einzelkämpfer versus Vereinsmitgliedschaften" besprochen. Dabei ging es mehr um die organisatorischen Aspekte, während hier nun die Präsentation im Internet erläutert wird.

Eigene Internetseite

Auf einer eigenen Internetseite können Sie dem Gast die Informationen geben, die Ihnen wichtig sind. Die gesamte Gestaltung entspricht Ihren Vorstellungen und Ihrer Unterkunft, sodass sich der Gast ein besseres Bild machen kann. Für manche Besucher ist eine gut gestaltete eigene Homepage eines Vermieters durchaus ein Grund, diese Unterkunft einer anderen, gleichwertig ausgestatteten ohne Homepage vorzuziehen.

Der Nachteil einer eigenen Homepage ist, dass diese sowohl in der Erstellung als auch in der Wartung teuer oder zumindest zeitaufwändig ist.

In der folgenden Tabelle finden Sie die Vor- und Nachteile einer eigenen Homepage.

Tabelle 5: Vor- und Nachteile einer eigenen Internetseite

Vorteile	Nachteile
Individuelle Gestaltungsmöglichkeiten	Eine schlecht gestaltete, nicht aktuelle Seite kann den Gast genauso gut wieder vertreiben
Keine Konkurrenz auf der Seite	Hohe Erstellungskosten oder großer Zeitaufwand für die Erstellung
Beliebig lange Beschreibung, beliebig viele Bilder	Großer Wartungsaufwand oder fehlende Aktualität
Schafft mehr Vertrauen in die Unterkunft, als eine ungenaue Eintragung in eine Datenbank	Ständige Suchmaschinenoptimierung, um sich in den Suchmaschinen gegen größere Unterkunftsportale durchzusetzen.

Für die eigene Internetseite ergeben sich folgende **Einsatzmöglichkeiten**:

- Leicht änderbare Ergänzung zum gedruckten Hausprospekt, eventuell Ersatz eines Hausprospekts

- Bereitstellen von Detailinformationen über die Unterkunft für Gäste, welche die Unterkunft z.B. in Unterkunftsportalen gefunden haben
- Akquirierung von Gästen über Suchmaschinen und Verlinkungen

Präsentation als Regionsgruppe

Mit Regionsgruppe ist hier der kleine Kollegenkreis genauso gemeint, wie der Fremdenverkehrsverein im Ort, oder ein Regionsverein. Je nach Gruppierung erfolgt die Organisation als Verein oder als lose Kooperation und die Aktivitäten werden über einen Mitgliedsbeitrag und/oder Sonderbeiträge finanziert. Die Mitglieder kennen einander und können meistens auch auf die Entscheidungsfindung einwirken.

Hier gilt das Prinzip „Gemeinsam sind wir stark". Die Gruppe kann sich in allen Bereichen besser behaupten als ein einzelner Vermieter, sei es durch eine ausgefeiltere, umfangreichere Internetseite, größere Chancen, in den Suchmaschinen gefunden zu werden, die Möglichkeit eher in der Presse vertreten zu sein oder größere finanzielle Ressourcen (siehe Tabelle im Kapitel „4.1.9. Werbemittel im Vergleich").

Tabelle 6: Vor- und Nachteile von Regionsgruppen

Vorteile	Nachteile
Größere finanzielle Ressourcen	Organisationsaufwand
Attraktiver für den Gast – eine Seite mit mehreren Unterkünften zieht auch mehr Besucher an	Keine oder teure Eintragung in Unterkunftsdatenbanken
Möglichkeit, in den Suchmaschinen vorne mit dabei zu sein	Weniger individuelle Gestaltungsmöglichkeiten
Viele Werbemöglichkeiten	
Größere Chance, in der Presse vertreten zu sein	
Mehr Handlungsspielraum und schnellere Entscheidungsfähigkeit als Landesverbände	

Eintragung bei Unterkunftsdatenbanken

Unterkunftsdatenbanken werden von Firmen gestaltet und mit Gewinnabsicht geführt. Sie bieten Vermietern, oft aus der ganzen Welt, oder zumindest aus mehreren europäischen Ländern die Möglichkeit, ihre Unterkunft vorzustellen.

Die Geschäftsabwicklung erfolgt zumeist nur über das Internet, d.h. der Vermieter registriert sich online, zahlt gegebenenfalls die Gebühr per Kreditkarte und kann dann seine Unterkunftsdaten über Web-Formulare verwalten. Die Einträge sind weniger detailliert als bei einer eigenen Homepage oder Regionsgruppen, aber für Detailinformationen kann man oft auf die eigene Homepage verlinken.

Wie prüfe ich, ob ein Eintrag sinnvoll ist?

Kostenlose Eintragung

Die kostenlose Eintragung ist immer sinnvoll, außer es handelt sich um eine Seite, die einen unseriösen Eindruck erweckt, sodass durch einen Eintrag das eigene Image geschädigt werden könnte.

Mögliche Gründe für das Unterlassen einer Eintragung:

Übermäßige Pop-up-Werbung oder Werbeeinblendungen auf der Seite, Werbung für Erotik und Ähnliches, Links zu zwielichtigen Seiten, . . .

Kostenpflichtige Eintragung

Bei einer kostenpflichtigen Eintragung müssen Kosten und Nutzen in Relation gesetzt werden. Das ist schwierig, denn Sie können im Vorhinein nicht wissen, wie viele Buchungen über die Unterkunftsdatenbank eingehen werden. Es gibt aber einige Faktoren, die Sie beachten können.

Tabelle 7: Kriterien für die kostenpflichtige Eintragung

Suchmaschinen	**Wie wird die Seite in den Suchmaschinen gefunden?** Wie haben Sie sie gefunden? Wenn sie auf der letzten Seite im Suchergebnis war, sind die Chancen, dass sich der Gast bis dorthin durchkämpft, relativ gering.
Linkpopularität	Wie ist die **Linkpopularität** der Seite? (Erklärung siehe Internetglossar)
Bedienung	Versetzen Sie sich in die Lage des Gastes und versuchen Sie eine Unterkunft zu finden. **Ist die Seite leicht zu bedienen?** Gibt es genügend Suchkriterien, um ein geeignetes Appartement zu finden? Ist die Ladezeit der Bilder akzeptabel?
Anzahl Unterkünfte	**Wie viele Unterkünfte sind in der Datenbank?** Wenn nur wenige Unterkünfte in der Datenbank sind, wird der Gast schnell eine Seite mit mehr Auswahl suchen. Keine Angst vor Konkurrenz! Je mehr Unterkünfte in der Datenbank sind, desto attraktiver ist die Seite für den Besucher.
Anzahl Besucher	Auf einer seriösen Seite sollte auch ersichtlich sein, **wie viele Besucher** diese hat. Je mehr Unterkünfte auf einer Seite sind, desto mehr Besucher sind nötig um eine hohe Auslastung zu gewährleisten.
Infos über Seitenbetreiber	Gibt es **ausreichende Informationen über die Seitenbetreiber**? Impressum und AGB (bei Vereinen oder Verbänden die Statuten), sowie eine genaue Preisliste müssen/sollten vorhanden sein, wenn nicht: Vorsicht!
Erfahrungswerte	**Erfahrungswerte von anderen Vermietern erfragen** Sie können auch andere Vermieter kontaktieren und nach ihrer Zufriedenheit mit der Datenbank fragen. Allerdings ist zu erwarten, dass sie unterschiedliche Antworten bekommen, denn niemand kann es allen Recht machen. Wählen Sie Vermieter von Unterkünften aus, die Ihre Texte und Bilder ansprechend gestaltet haben.
Kosten pro Buchung	Wie viele Buchungen erwarten Sie auf Grund der bisher gesammelten Informationen? **Jahresgebühr durch Anzahl Buchungen = Kosten pro Buchung** Zahlt sich das für Sie aus?

Wenn Sie die oben angeführten Fragen für mehrere Datenbank-Anbieter beantworten, werden Sie ein Gefühl dafür bekommen, welcher Eintrag es wert ist, dafür zu bezahlen, wo sie lieber nur das Gratisangebot nützen, oder wo sie sich den Zeitaufwand für eine Eintragung ersparen wollen.

Beispiele für Unterkunftsdatenbanken finden Sie im Kapitel „6.4. Unterkunftsdatenbanken/Präsentationsplattformen".

> ☞ **Praxistipp**
> Die Anzahl der Anfragen und Buchungen für Ihre Unterkunft hängt nur zum Teil von der Qualität der Datenbank ab! Entscheidend ist Ihre Eintragung: **Nur vollständige, ansprechende, aktuelle Texte und Bilder bringen Gäste!** Das heißt, egal wo Sie Ihre Unterkunft im Internet präsentieren, achten Sie immer darauf, dass alle Daten, insbesondere Ihre Preise, aktuell sind!

Wartung Ihrer Einträge

- Führen Sie eine **Liste** mit den Datenbanken und dem jeweiligen Eintragungsdatum
- **Kontrollieren** Sie regelmäßig, ob Ihre Unterkunft noch zu finden ist
- **Aktualisieren** Sie Ihre Daten!!
- Beobachten Sie die Zahl der **Anfragen**
- **Kündigen** Sie unrentable Einträge und investieren Sie das Geld woanders.

Zusammenfassung

Es gibt das schöne Sprichwort „Viele Wege führen nach Rom!". So soll es mit Ihrer Unterkunft auch sein. Es gibt kein Patentrezept, das heißt: „Tragen Sie sich in diese drei Datenbanken ein und Ihre Unterkünfte werden ausgebucht sein." Alle Präsentationsmöglichkeiten haben andere Vor- und Nachteile und ergänzen sich teilweise.

Daher wäre es optimal, wenn Sie sowohl alleine, als auch mit einer kleinen Gruppe und in großen Datenbanken präsent sind. Wenn Sie sich jedoch vorerst keine eigene Homepage leisten wollen oder können, ist das kein Problem.

Verlassen Sie sich nicht auf einen einzigen Anbieter! Um wirklich gut ausgebucht zu sein, müssen Sie selbst aktiv werden und immer wieder nach neuen (Internet-)Präsentationsmöglichkeiten für Ihre Unterkunft suchen.

> ☞ **Kundenorientierung**
> Wenn ein Gast Ihre Unterkunft im Internet findet, heißt das noch lange nicht, dass er auch bei Ihnen bucht, denn es gibt sicher mehrere passende Unterkünfte. Erst wenn ihm die Präsentation Ihrer Unterkunft gefällt (Bilder, Texte), wird er bei Ihnen anfragen. **Wenn Sie dann rasch und kundenfreundlich reagieren**, d.h. kein Massenmail verschicken, sondern auf seine Fragen eingehen und die Informationen schicken, die er wünscht, **wird er vielleicht auch bei Ihnen buchen**.

4.3.2. Wie komme ich zu einer eigenen Homepage?

Egal, ob Sie sich alleine oder als Gruppe dazu entscheiden, sich im Internet zu präsentieren, es sind dazu die folgenden **Schritte** notwendig:

- Auswahl und Registrierung eines Domainnamens
- Kaufen von Webspace
- Planung und Erstellung der Webseite
- Online Site Marketing
- Wartung und Aktualisierung der Seite

Domainname (Internetadresse)

Der Domainname ist Ihre Adresse im Internet, über die Sie gefunden und identifiziert werden. Sie müssen ihn wissen, bevor Sie Ihre Seite ins Netz stellen oder in Suchmaschinen, Verzeichnissen oder Unterkunftsdatenbanken eintragen können.

So kommen Sie zu einem Domainnamen

- Brainstorming
- Bewertung der Vorschläge
- Überprüfen der Verfügbarkeit
- Markenrechtliche Überprüfung
- Registrierung

Brainstorming

Es empfiehlt sich, zunächst ein Brainstorming zu machen und so Vorschläge zu sammeln. Wenn Ihnen selbst die Ideen ausgehen, helfen Werkzeuge im Internet, die Domainnamen generieren und eventuell auch gleich auf Verfügbarkeit überprüfen.

Unterstützung beim Brainstorming

www.united-domains.de
Hier kann man mit der „Smart"-Suche nach **möglichen Kombinationen** suchen. Es wird auch gleich die Verfügbarkeit angegeben. Mit der „Multi"-Suche kann man die Verfügbarkeit von mehreren Domainnamen gleichzeitig überprüfen.

www.nameboy.com
Leider nur auf Englisch verfügbar, **kombiniert zwei Wörter** zu allen möglichen Variationen und gibt teilweise die Verfügbarkeit an.

http://metager.de/asso.html
Der **Assoziator** dieser Suchmaschine schlägt Wörter vor, die mit dem Suchbegriff in Zusammenhang stehen. Das kann bei der Ideenfindung sehr hilfreich sein.

Bewertung der Vorschläge

Der Name ist ein wichtiges Aushängeschild Ihrer Unterkünfte. Er sollte folgende Kriterien erfüllen:

- kurz und prägnant
- leicht zu merken
- einfach und eindeutig zu schreiben
- leicht auszusprechen (auf Deutsch und in Fremdsprachen bei internationalen Gästen)
- Soll möglichst in Verbindung mit dem Unternehmen stehen
- Wortkombinationen mit Bindestrich sind leichter lesbar und werden eventuell von Suchmaschinen höher bewertet

Verfügbarkeit überprüfen

Nach der Auswahl einiger potenzieller Internetadressen müssen Sie nun überprüfen, ob diese noch verfügbar sind. Dazu können Sie folgende Internetseiten verwenden:

www.internic.at
Verfügbarkeitsabfrage und Registrierung von folgenden Domains:
.at, .co.at, .or.at, .com, .net, .org, .info, .biz, .ag, .cc, .de, .st, .be, .bz, .ch, .li, .ru, .com.ru, .it, .cn, .com.cn, .net.cn, .org.cn

www.domaintechnik.at
Verfügbarkeitsabfrage und Registrierung von folgenden Domains:
.com, .net, .org, .info, .biz, .at, .co.at, .or.at, .ch, .de, .it, .ac, .cc, .ag, .tv, .pl, .cz, .ru, .ro, .li

Markenrechtliche Überprüfung

Bevor Sie die Wunschdomain registrieren, ist es noch nötig zu überprüfen, ob marken- oder schutzrechtliche Konflikte zu befürchten sind. Immer öfter kommt es nämlich zu Rechtsstreitigkeiten über Domainnamen.

Es ist wichtig, diesen Aspekt schon im Vorfeld zu beachten, denn sonst kann es zu sehr hohen Kosten kommen, wenn Sie eine Abmahnung erhalten und z.B. schon Ihr Briefpapier gedruckt oder die Seite in Suchmaschinen eingetragen haben.

Generell gilt, dass Wörter, die im Wörterbuch (Duden, Österreichisches Wörterbuch) zu finden sind, nicht urheberrechtlich geschützt werden können. Das heißt, wenn Sie ein solches Wort auswählen, sollten Sie auf der sicheren Seite sein. Allerdings sind diese Wörter oft schon vergeben.

Dass eine Domain noch nicht vergeben ist, bedeutet nicht, dass keine Kennzeichnungsrechte anderer bestehen! Es empfiehlt sich daher, eine Markenrecherche durchzuführen oder durchführen zu lassen.

Mehr Informationen
Wie Sie dabei vorgehen können, sowie einige interessante Webseiten zu dem Thema erfahren Sie auf www.tourismus-abc.net

> **Praxistipp: Keine Ortsnamen als Domain**
> Wir raten davon ab, den Namen Ihres Ortes als Adresse für Ihre Unterkunft zu verwenden (z.B. www.wien.at), denn in diesem Fall besteht das Risiko, dass es zu Domainstreitigkeiten mit der Gemeinde kommt, falls diese die Adresse für sich beansprucht.
>
> Interessante **Beispiele zu Domain-Streitigkeiten** in Österreich finden Sie in dem folgenden Dokument der Arbeitsgemeinschaft für Datenverarbeitung: www.adv.at/internetundrecht/Domains.pdf

Registrierung der Domain

Wenn Sie sich für einen Domainnamen entschieden haben, können Sie diesen, am besten bei dem gleichen Provider wie Ihrem Webspace registrieren.

Webspace

Der Webspace ist der Speicherplatz für die Webseite bei einem so genannten Webhosting-Provider.

Für einfache, kleine Homepages die nur HTML verwenden, reicht es oft aus, den Webspace zu nutzen, der beim Internetzugang dabei ist. Der große Nachteil dieser Lösung ist meistens, dass man einen eigenen Domainnamen nur mit Weiterleitung verwenden kann. Das bedeutet, dass in den Suchmaschinen nur die erste Seite mit dem Domainnamen und die restlichen mit dem Namen des Providers angezeigt werden. (z.B. http://members.provider.at/meinWebspace). Das kann eine schlechtere Positionierung bei den Suchmaschinen bewirken und wirkt auch etwas unprofessionell.

Von der Nutzung von Gratis-Webspace ist eher abzuraten, da dieser durch Werbung (Popups, Banner, u. Ä.) finanziert wird, was abschreckend auf Besucher wirkt. Außerdem sind die Leistungen meistens begrenzt, es gibt kaum Support, eigene Domainnamen sind selten möglich und die Verwendung kann sich negativ auf die Suchmaschinenposition auswirken.

Wer mehr Speicherplatz braucht, Skriptsprachen oder Datenbanken verwenden will, muss sich zumeist einen extra Webspace besorgen.

Kriterien zur Auswahl von Webspace
Eine hilfreiche Checkliste und Links zu einigen Providern gibt es hier: www.tourismus-abc.net

Planung und Erstellung der Webseite

Selbst erstellen oder Profi engagieren?

Egal, ob für die eigenen Unterkünfte oder gar für eine Regionsgruppe, wir empfehlen Ihnen, die Webseite von einem Profi erstellen zu lassen, auch wenn die Medien einen glauben lassen wollen, dass Homepageerstellen ein Kinderspiel ist. Konzeption, Grafikdesign und nicht zuletzt Programmierung und Suchmaschinenoptimierung sind Aufgaben, die man nicht einfach aus dem Ärmel schüttelt, sondern die ausgiebige Beschäftigung mit der Thematik erfordern.

Web-Programmierer finden Sie über das Internet oder über Mundpropaganda. Beurteilen können Sie diese, indem Sie sich Referenzseiten ansehen und diese auf Benutzerfreundlichkeit und Fehlerfreiheit testen.

Gestaltung der Seite und Inhalt

Fragen, die Sie sich diesbezüglich stellen können:

- Gefällt Ihnen das Design der Seite?
- Ist der Aufbau klar, sodass Sie schnell finden, was Sie suchen?
- Gibt es Kontaktinformationen, AGB, Impressum?
- Wie ist ihr Gesamteindruck von der(n) Seite(n)?
- Wird die Seite schnell geladen?
- Hat der Programmierer vielleicht schon ähnliche Projekte wie Ihres verwirklicht?
- Ist der HTML-Code fehlerfrei?
- Ist die Seite für Suchmaschinen optimiert bzw. wird sie in den Suchmaschinen gefunden?

☞ **Praxistipp: HTML-Test**
Eine Webseite sollte wegen der Kompatibilität mit den verschiedenen Browsertypen einerseits und wegen der Auffindbarkeit in Suchmaschinen andererseits einen korrekten HTML-Code haben. Mit dem folgenden Tool können Sie den HTML-Code von Homepages überprüfen:

Webmasterplan HTML-Check
http://de.webmasterplan.com/cgi-local/router.cgi?l=de&p=wmpde&s=opt_html überprüft den HTML-Code und gibt Fehlermeldungen in roter Schrift aus.

☞ **Praxistipp: Suchmaschinen Voreintragscheck**
Hier können Sie überprüfen, ob der Programmierer zumindest Titel und Metatags eingetragen hat (siehe Internetglossar).

Webmasterplan Voreintrags-Check
http://de.webmasterplan.com/cgi-local/router.cgi?l=de&p=wmpde&s=opt_pre oder Sie gehen direkt auf www.webmasterplan.com und klicken im Menü auf Voreintrags-Check.

Vertrag für Webseiten-Erstellung
Welche Informationen ein Vertrag für die Erstellung einer Webseite enthalten könnte/sollte, finden Sie auf unserer Internetseite www.tourismus-abc.net

E-Commerce-Gesetz (ECG)

Das E-Commerce-Gesetz ist seit 1.1.2002 in Kraft und regelt Rechtsgeschäfte im Internet. Es soll insbesondere Personen, die wenig Erfahrung mit dem Internet haben, schützen.

Geltungsbereich

Das ECG gilt **für alle kommerziellen Homepages**. Da Sie Unterkünfte zur Vermietung anbieten, auch für Sie als Privatvermieter. Nur rein private Homepages sind ausgenommen!

Vorgeschriebene Angaben zum Seitenbetreiber

§ 5 Abs 1 des ECG regelt, welche Angaben ein kommerzieller Webseitenbetreiber mindestens machen muss. Diese umfassen:

- Name oder Firma
- Anschrift
- Kontaktdaten: E-Mail-Adresse, Telefon, Fax
- USt-ID-Nummer (wenn vorhanden)
- Firmenbuchnummer (wenn vorhanden)
- Kammer, Berufsverband od. ähnliche Einrichtung (wenn vorhanden)
- zuständige Aufsichtsbehörde (wenn vorhanden)

☞ **Firmen A–Z der Wirtschaftskammer**
Damit Sie garantiert nichts vergessen, bietet die Wirtschaftskammer für Mitglieder die Möglichkeit, einen Direktlink auf die Kontaktdaten im Firmen A-Z zu setzen. Dort können Sie über ein Webformular die nötigen Daten eintragen, gesetzlich Erforderliches wird hervorgehoben.

Informationen zur genauen Funktionsweise finden Sie hier:
http://firmena-z.wko.at/relaunch/tipps.asp#ECG

Weitere Bestimmungen für Seiten ohne Webshop

Preise sind klar und deutlich auszuweisen. Es muss eindeutig erkennbar sein, ob diese Umsatzsteuer und alle sonstigen Abgaben und Zuschläge enthalten oder nicht. Es muss auch angegeben werden, ob Versandkosten enthalten sind.

Werbeeinschaltungen und andere Maßnahmen zur Absatzförderung müssen klar und deutlich als solche gekennzeichnet werden.

Bestimmungen für Seiten mit Webshop

Für Seiten mit Webshop gelten zusätzlich noch weitere Regelungen. Wenn Sie auf Ihrer Seite Online-Buchung anbieten, gelten diese Bestimmungen in jedem Fall, aber auch wenn Ihre Kunden nur per E-Mail buchen, sollten Sie diese Bestimmungen berücksichtigen.

- Der **Bestellvorgang** muss klar dargestellt werden (z.B. Wie kann bestellt werden? In welchen Schritten erfolgt die Bestellung? Wie funktioniert der Webshop? Wo sind die Vertragsbedingungen zu finden?)
- Der Nutzer muss die Möglichkeit haben, seine **Angaben** vor dem endgültigen Absenden zu **überprüfen** und zu korrigieren.
- Unverzügliche **Bestätigung** des Eingangs der Bestellung (elektronische Empfangsbestätigung, nicht unbedingt Annahme der Bestellung)
- Die **Vertragsbedingungen** bzw. Allgemeinen Geschäftsbedingungen müssen speicher- und ausdruckbar zur Verfügung gestellt werden (normale HTML-Seite oder PDF, Word, Text Dokument).

Informationen zum ECG
Das **komplette ECG** finden Sie in der Rechtsinformationsdatenbank (RIS) www.ris.bka.gv.at/bgbl unter BGBl. I Nr. 152/2001.

Eine **Zusammenfassung** des ECG finden Sie hier: www.egm.at/specials/ecg

> **Praxistipp: ECG-Check**
> Die ARGE-Daten hat eine Webseite aufgebaut, die Bewertungen von Online-Shops anbietet. Man kann dort seine Homepage gratis mit dem „**ECG-Check** Basic" oder auch genauer (kostenpflichtig) auf ECG-Konformität überprüfen lassen: www.e-rating.at

Herkunftslandprinzip

Dieser Punkt des ECG regelt das **anwendbare Recht** für Rechtsgeschäfte im grenzüberschreitenden Verkehr zwischen EWR-Mitgliedstaaten. Es gilt das anwendbare Recht im Niederlassungsstaat des Diensteanbieters. Das bedeutet, dass ein Diensteanbieter sich nicht nach 15 verschiedenen Bestimmungen richten muss, sondern es reicht, wenn er die Gesetze in seinem Land einhält.

Es gibt jedoch einige **Ausnahmen**, insbesondere bei Verträgen mit Verbrauchern, die davor geschützt werden sollen, sich mit fremden Recht auseinandersetzen zu müssen und bei gewerblichen Schutzrechten (Patente, Marken, Muster), sowie beim Urheberrecht.

Eine weitere Ausnahme gibt es auch im Bezug auf die Zulässigkeit nicht angeforderter Werbung und anderer Maßnahmen zur Absatzförderung per E-Mail. Auch hier gilt das Herkunftslandprinzip nicht.

Fragen zur Verlinkung mit anderen Webseiten

Muss ich fragen, bevor ich auf eine Webseite verlinke?

Aus urheberrechtlicher und wettbewerbsrechtlicher Sicht ergibt sich bei der gewöhnlichen Verlinkung auf andere Webseiten grundsätzlich kein Problem, außer in Verbindung mit anderen Techniken, wie etwa, wenn der verlinkte Inhalt innerhalb eines Frames auf der eigenen Seite angezeigt wird und nicht klar erkennbar ist, dass dieser eigentlich von einem anderen Urheber stammt.

Ein Inhaber einer Seite, auf die Sie ohne zu fragen verlinken, kann Sie also deswegen nicht belangen. In der Praxis kann es nie schaden zu fragen, schließlich stellt man damit neue Kontakte her.

Bin ich für die Inhalte der Seite, auf die ich verlinkt habe, verantwortlich?

Auch diese Frage wird seit 1.1.2002 vom E-Commerce-Gesetz (ECG) geregelt. Verantwortlichkeit umfasst sowohl die schadenersatzrechtliche Haftung, als auch die strafrechtliche, gerichtliche, verwaltungsrechtliche Verantwortung.

Man ist für die Inhalte einer fremden Seite, auf die verlinkt wird nicht verantwortlich, wenn folgende Voraussetzungen erfüllt sind:

- Sie setzen den Link **in bestem Wissen und Gewissen**, dass auf der verlinkten Seite keine rechtswidrige Information vorhanden ist, oder mit Hilfe der Seite rechtswidrige Tätigkeiten betrieben werden.
- Sobald Sie erfahren, dass eine verlinkte Seite rechtswidrige Informationen oder Tätigkeiten anbietet, beschreibt, bewirbt, oder Ähnliches, müssen Sie den Link **unverzüglich entfernen**.
- **Ausgenommen** sind Seiten, die Ihnen unterstehen oder von Ihnen beaufsichtigt werden.

Werbung per E-Mail

Darf ich an meine Kunden/Gäste E-Mail-Werbung verschicken? Was muss ich dabei beachten?

Hier müssen Sie zwischen Verbrauchern (lt. § 1 Abs 1 Z 2 Konsumentenschutzgesetz) und Unternehmen unterscheiden.

An **Unternehmen** dürfen Sie ohne vorherige Zustimmung des Empfängers E-Mails verschicken, wenn Sie in jedem Mail die Möglichkeit bieten, den Empfang weiterer Nachrichten abzulehnen.

Um E-Mails an **Verbraucher** zu schicken, benötigen Sie grundsätzlich zuvor die Zustimmung des Empfängers, außer Sie haben die Kontaktadresse im Zuge eines Verkaufs erhalten und bieten ein ähnliches Produkt oder eine ähnliche Dienstleistung an. Allerdings muss dem Verbraucher im Vorhinein und bei jeder Zusendung die Möglichkeit eingeräumt werden, den Empfang von Werbemails abzulehnen. An Verbraucher dürfen außerdem keine Nachrichten geschickt werden, die an mehr als 50 Empfänger gerichtet sind.

Weitere Informationen dazu und genauer Gesetzestext (§ 107 TKG 2003) gibt es bei der Rundfunk und Telekom Regulierungs-GmbH:
www.rtr.at/web.nsf/deutsch/Telekommunikation_Telekommunikationsrecht_TKG+2003

Was ist die ECG-Liste? Wo finde ich Sie?

Die ECG-Liste (auch Robinson Liste genannt) wird von der Rundfunk- und Telekom Regulierungs-GmbH (RTR) geführt, und beinhaltet jene Personen und Unternehmen, die keine elektronische Werbung über E-Mail erhalten wollen.

Wenn Sie unaufgefordert E-Mail-Werbung versenden, müssen Sie diese Liste beachten. Sie können diese per Fax bei der RTR abrufen. Wie das geht und weitere Informationen finden Sie auf der Homepage der RTR.

Die RTR bietet auch **Informationen zur ECG-Liste** und ein **Info-Blatt zum Download** („Informationen betreffend unerwünschter Werbung mittels elektronischer Post"):
www.rtr.at/web.nsf/deutsch/Telekommunikation_Konsumentenservice_E-Commerce-Gesetz

Urheberrecht

Ungeachtet dessen, dass im Internet das Kopieren von Inhalten so leicht wie noch nie ist, gilt auch hier – wie für alle Veröffentlichungen – das Urheberrecht. Das heißt, Sie machen sich strafbar, wenn Sie einfach Bilder, Texte, Gestaltungselemente, Audio und Video-Dateien oder auch Linksammlungen (!) übernehmen.

In der Regel frei nutzbar sind Bilder und Fotos, die Sie durch Kauf einer CD erworben haben, doch auch hier sind Ausnahmen möglich. Überprüfen Sie also vor Verwendung, ob Sie auch die nötigen Lizenzrechte erworben haben.

Detailinformationen, Urteile
Detaillierte Informationen, häufige Fragen und Antworten und beispielhafte Entscheidungen über das Urheberrecht finden Sie auf der folgenden Seite:
www.internet4jurists.at/urh-marken/immaterial.htm

4.3.4. Online Site Marketing

Um neue Gäste zu akquirieren reicht es nicht, nur eine Homepage ins Internet zu stellen. Man muss diese auch bekannt machen.

Der häufigste Weg auf dem Surfer auf Webseiten kommen, sind Suchmaschinen, Verzeichnisse und Portale. Wer also im Internet wirklich erfolgreich sein will, ohne ein Vermögen dafür auszugeben, muss bei den Suchmaschinen mit den relevanten Suchbegriffen möglichst auf der ersten Seite gefunden werden.

In diesem Kapitel wird erklärt, wie man dies erreichen kann. Zuvor werden aber noch einige Grundbegriffe erklärt, die für das weitere Verständnis wichtig sind.

Wie erreichen mich meine zukünftigen Gäste?

Nachdem wir bereits festgestellt haben, dass ein großer Teil der Gäste über das Internet kommt und dieser Teil laut Trendanalysen immer größer wird, müssen wir uns fragen, wie denn Leute im Internet auf bestimmte Web-Seiten kommen.

Bei einer von Fittkau & Maaß GmbH durchgeführten Studie, bei der Mehrfachnennungen möglich waren, gaben fast 80 % der Internetnutzer an, Suchmaschinen, Verzeichnisse und Portale zum Auffinden von Webseiten zu verwenden. Die nächstwichtigen Gründe Webseiten zu besuchen, sind Empfehlung durch Freunde und Bekannte (ca. 55 %) und gedruckte Internetadressen (46,5 %). Außerdem bewegen redaktionelle Hinweise, sowohl in Zeitschriften, als auch in Webseiten und Werbebanner (jeweils ca. 30 %) die Leute, sich Webseiten anzusehen.

Man sieht also, es gibt viele Wege, über die Internetnutzer auf Web-Seiten gelangen, aber der mit Abstand wichtigste sind die Suchmaschinen.

Deshalb und weil man für eine gute Suchmaschinen-Position, wenn man etwas Zeit und Mühe investiert, relativ einfach etwas tun kann, schneiden wir das Thema in diesem Buch kurz an, bzw. steht Ihnen auf unserer Webseite www.tourismus-abc.net ein E-Book mit Insiderinformationen zum Download zur Verfügung.

Unterscheidung Suchmaschinen/Verzeichnisse

Diese zwei werden meistens in einem Atemzug genannt. Gerade unerfahrenen Internetusern fällt die Unterscheidung schwer, vor allem weil die Dienste heutzutage oft miteinander gekoppelt werden, sprich namhafte Suchmaschinen auch Verzeichnisse anbieten, oder Verzeichnisse, wenn sie keine passenden Einträge enthalten, auch Ergebnisse aus Suchmaschinen liefern.

Suchmaschinen

Die wichtigste Eigenschaft der Suchmaschinen ist, dass ihr **Index automatisch erstellt wird**, d.h. spezielle Programme, auch Spider (auch Robot oder Crawler) genannt, rufen Internetseiten ab, bekommen vom jeweiligen Webserver die Daten geliefert, bewerten diese mit jeweils unterschiedlichen Algorithmen und tragen sie in die eigene Datenbank ein. Diese Datenbank wird auch der Index genannt. Den Vorgang des Abrufens, Bewertens und Speicherns nennt man im Fachjargon auch „indizieren".

Wenn jetzt ein Benutzer eine Suche startet, wird nicht „das Internet" an sich durchsucht, sondern nur der Index der Suchmaschine. Es werden nur Ergebnisse von Webseiten angezeigt, die zuvor indiziert wurden. Die Daten müssen auch nicht mit den aktuellen Daten auf den Websites übereinstimmen, da die meisten Suchmaschinen ihren Datenbestand nur alle Monate oder teilweise noch seltener komplett aktualisieren.

Prinzipiell indizieren Suchmaschinen Seiten, deren Internetadresse vom Seitenbetreiber mittels Formular übermittelt wird. Manche Homepages scheinen aber auch in den Suchmaschinen auf, ohne jemals angemeldet worden zu sein. In diesem Fall ist die Suchmaschine dem Link auf einer bereits indizierten Seite gefolgt.

Beispiele für Suchmaschinen
Google (www.google.com), Altavista (www.altavista.com) oder Fireball (www.fireball.de)

Verzeichnisse

Im Gegensatz zu Suchmaschinen werden **(Web)Verzeichnisse manuell erstellt**, das heißt, Webseiten-Betreiber schlagen Ihre Seiten unter Angabe von Internetadresse, Suchbegriffen, Titel und Beschreibung vor, ein Redakteur sieht sich die Webseite an, beurteilt, ob sie es wert ist, in das Verzeichnis aufgenommen zu werden, passt wenn nötig Titel und Beschreibung an und trägt die Seite dann in der richtigen Kategorie des Verzeichnisses ein.

Diese redaktionelle Überprüfung bringt für den Benutzer den Vorteil mit sich, dass wirklich nur Seiten aufgenommen werden, die auch sinnvoll sind.

Beispiele für Verzeichnisse
Yahoo! (www.yahoo.de), Web.de (www.web.de) oder das Open Directory Project (www.dmoz.org)

Wofür werden Suchmaschinen verwendet ?/Wofür Verzeichnisse ?

Bei **allgemeineren Suchanfragen** ist es in der Regel einfacher, in **Verzeichnissen** zu suchen, da dort immer die ganze Seite bewertet und beschrieben wird.

Wenn die **Suchanfragen detaillierter** werden, ist es wahrscheinlicher, mit der Suche in **Suchmaschinen** zu einem befriedigenden Ergebnis zu kommen.

Für Sie als Homepage-Betreiber ergibt sich daraus, dass Sie sowohl in Verzeichnissen, als auch in Suchmaschinen vertreten sein sollten, um optimal gefunden zu werden.

Schritte zum Erfolg bei Suchmaschinen

Entscheidend ist, dass man **auf der ersten Seite der Suchergebnisse** ist, denn nur 19 Prozent der Suchenden sehen sich auch die zweite Seite an und weniger als 10 Prozent die dritte.

Folgende Schritte sind notwendig, um in den Suchergebnissen oben mit dabei zu sein:

- Die richtigen Suchbegriffe ermitteln

- Homepage technisch optimal gestalten
- Gute Seiteninhalte
- Tricks (Oder was Sie vermeiden sollten!)
- Eintragung in Suchmaschinen und Verzeichnisse
- Verlinkungen, Linkpopularität
- Erfolgskontrolle

Leider ist der Umfang dieses Buches begrenzt, sodass wir nicht die volle Anleitung zum Erfolg bei Suchmaschinen hier abdrucken können. Wie bereits erwähnt, ist auf www.tourismus-abc.net ein E-Book mit weiterführenden Informationen erhältlich. Auf dieser Seite finden Sie auch eine Inhaltsübersicht.

III. Hintergrundinformationen

5. Statistik

5.1. Quellen für Statistik

Tourismussatellitenkonto „Tourism Satellite Accounts" (TSA)

Das Tourismus-Satellitenkonto für Österreich wurde von WTO, OECD und EUROSTAT empfohlen. In weiterer Folge gab das Bundesministerium für Wirtschaft und Arbeit (BMWA) 2001 der „Statistik Austria" und dem „Österreichischen Institut für Wirtschaftsforschung (WIFO)" den Auftrag, das „Tourismussatellitenkonto" gemeinschaftlich abzuwickeln.

Das TSA analysiert nicht nur Nachfrage- und Angebotsströme, sondern berücksichtigt auch Verbindungen zu weiteren touristischen Parametern wie Kapitalstock, Investitionen, Beschäftigung des Tagestourismus im Bekleidungshandel und vieles mehr.

BMWA:www.bmwa.gv.at/BMWA/Themen/Tourismus/Publikationen/Archiv/28.htm

Statistik Austria

Im Statistischen Jahrbuch 2004 der „Statistik Austria" ist auf Seite 382 unter anderem zu lesen:

Im Sommer 2002 gab es insgesamt 70 834 Beherbergungsbetriebe, davon

17 264 gewerbliche Beherbergungsbetriebe	mit 606 625 Betten
24 395 Privatquartiere	mit 164 455 Betten
29 175 übrige Unterkünfte	mit 261 296 Betten

Im Jahr 2003 zählte „Statistik Austria" in ganz Österreich in allen Unterkunftsarten (Hotel, Pension, Gasthof, Urlaub am Bauernhof, Privat) insgesamt 117 966 984 Übernachtungen. Davon entfallen 22 727 334 auf Privatquartiere.

Statistiken sind meistens zu relativieren. Vergleicht man Statistiken unterschiedlicher Herkunft, sind durchaus Unterschiede festzustellen. Dies liegt in der Natur der Sache. Es ist deswegen nicht die eine oder andere falsch. Ungleiche Parameter und Interpretationen verursachen die Unterschiede. Wer nicht auf einzelne Prozentpunkte angewiesen ist, kann aus diesen Werten dennoch nützliche Schlüsse für sich ziehen.

Seit 1998 nehmen die Ferienwohnung- und Appartement-Übernachtungen stetig zu. Die Privatzimmer-Übernachtungen nehmen ab. Sollten Sie also ein Zimmer neu renovieren müssen, stellt sich die Frage, ob Sie nicht gleich einen Umbau zu einem Appartement oder „Studio" vornehmen sollen.

Interessante Schlüsse können Sie auch aus der nachfolgenden Statistik ziehen.

Wie werden die Unterkünfte geordert bzw. gebucht?

Direkt beim Vermieter	64 %
Im Reisebüro	18 %
Beim lokalen Tourismusbüro	5 %
Über das Internet	4 %
Sonstige	9 %

Ob nun 60 oder 68 Prozentpunkte – der Gast bevorzugt eindeutig den direkten Kontakt mit dem Vermieter.

Welchen Parameter kann nun ICH persönlich beeinflussen, um eine Buchung zu bekommen?

Mit welchen Mitteln und welcher Einflussnahme?

5.2. Schlüsse aus der Statistik

Reisebüro

Die Geschäftsstelle des Reisebüros ist meist weit weg, oder überhaupt in einem anderen Land. Verhandlungen über Platzgröße im Prospekt, Reservierungen, Provisionsgebühr, Kontingentvergabe sind mühselig. Die Durchführung ist meistens erst ab der nächsten Saison möglich und oft mit einem hohen (Druck)kostenbeitrag verbunden.

Das lokale Tourismusbüro

Schon besser. Meistens bin ich schon erfasst und registriert, zahle meinen Obolus und warte auf die Gäste. Die nur 5 % Buchung über das Tourismusbüro entstehen nicht, weil die so schlecht sind, sondern weil nur sehr wenige Gäste eine Fahrt ins Blaue machen und dann justament beim Tourismusbüro stehen bleiben, um einen 14-tägigen Urlaub zu buchen. Die Touristen, die über das lokale Tourismusbüro ein Quartier suchen, sind meistens auf der Durchreise und bleiben vielleicht 1 bis 3 Tage.

Natürlich habe ich nicht auf den Katalog vergessen, den Gäste ein paar Monate vor Urlaubsantritt beim lokalen Tourismusbüro anfordern und dann dort eventuell buchen.

Bedenken Sie aber: Warum sollte ein Gast einen Prospekt anfordern, wenn er im Internet viel mehr Informationen bekommt? Und das sofort. Jene Gäste, die keinen Internetanschluss haben und deshalb auf den Katalog angewiesen sind, werden Ihnen über kurz oder lang wegsterben.

Was kann nun in der Struktur des lokalen Tourismusbüros noch verbessert werden, um den 5%igen Anteil um 10, 20 oder 30 Prozentpunkte zu erhöhen? Internet heißt das Wundermittel.

Internet

Warum Internet, wenn dieses weniger Prozentpunkte in der Statistik aufweist als das lokale Tourismusbüro? Weil das Tourismusbüro mitunter nur saisonal offen hat, nachts niemand erreichbar und sonntags eventuell geschlossen ist.

Falls Ihr lokales Tourismusbüro im Internet präsent ist, sollten Sie unbedingt auch dort vertreten sein. Zusätzlich ist es von Vorteil, eine eigene Homepage zu haben.

Ist Ihnen die Erstellung oder Wartung einer eigenen Homepage doch zu mühselig, bieten eine Vielzahl von Tourismusportalen und Datenbanken Ihre Dienste und somit die Möglichkeit im Internet vertreten zu sein an.

Aufgrund der Tatsache, dass die Gäste den direkten Kontakt mit dem Vermieter bevorzugen (64 %), beachten Sie jene Internetangebote, welche in der Präsentation die Eintragung von Name, Adresse, Telefonnummer, E-Mail und eine Verlinkung zulassen und für die Buchung nicht erst eine Umleitung über die Agentur oder den Homepagebetreiber notwendig ist.

Ein weiterer Grund, dem Internet den Vorzug zu geben, ist die rasante Entwicklung des Mediums. Eine Steigerung der 4 % aus der Statistik in den nächsten Jahren auf 15 % bis 25 % ist durchaus realistisch.

Weitere statistische Werte über Tourismus

Statistik Austria	www.statistik.at
Österreich Werbung (Business Bereich, B2B)	http://cms.austria-tourism.biz/
Wirtschaftskammer	www.dertourismus.at

6. Adressen und Ansprechpartner für Vermieter

6.1. Tourismusorganisationen der Bundesländer

Die nachfolgenden Adressen sind die offiziellen Landestourismusorganisationen exklusive der jeweiligen speziellen Untergruppierungen, wie zum Beispiel Urlaub am Bauernhof, den Privatvermietern, oder den themenorientierten Unterkünften wie für Radrouten, Romantikstraße, Wanderdörfer und weitere.

Burgenland Tourismus

Mag. Ulrike Tschach-Sauerzopf (Privatvermietung)
Schloss Esterházy
7000 Eisenstadt

Tel: 02682/63 384-0
Fax: 02682/63 384-20
E-Mail: info@burgenland.info
Internet: www.burgenland.info

Kärnten Werbung

Casinoplatz 1
9220 Velden

Tel: 0463/30 00
Fax: 04274/52 100-50
E-Mail: info@kaernten.at
Internet: www.kaernten.at

Niederösterreich Information

Postfach 10.000
1010 Wien

Tel: 01/53 610-0
Fax: 01/53 610-60 62
E-Mail: tourismus@noe.co.at
Internet: www.niederoesterreich.at

Oberösterreich Tourismus Information

Postfach 8000
4010 Linz

Tel: 0732/22 10 22
Fax: 0732/60 02 22-333
E-Mail: info@oberoesterreich.at
Internet: www.oberoesterreich.at

SalzburgerLand Tourismus GmbH

Postfach 1
A-5300 Hallwang bei Salzburg

Tel: 0662/66 88
Fax: 0662/66 88 66
E-Mail: info@salzburgerland.com
Internet: www.salzburgerland.com

Steirische Tourismus GmbH

St. Peter Hauptstraße 243
8042 Graz

Tel: 0316/40 03-0
Fax: 0316/40 03–10
E-Mail: info@steiermark.com
Internet: www.steiermark.com

Tirol Info

Maria-Theresien-Straße 55
A-6010 Innsbruck

Tel: 0512/72 72
Fax: 0512/72 72-7
E-Mail: info@tirol.at
Internet: www.tirol.at

Vorarlberg Tourismus

Bahnhofstraße 14
A-6901 Bregenz

Tel: 05574/42 525-0
Fax: 05574/42 525-5
E-Mail: info@vtour.at
Internet: www.vorarlberg-tourism.at

Wien Tourismus

Obere Augartenstraße 40
A-1025 Wien

Tel: 01/24 555
Fax: 01/24 555-666
E-Mail: info@info.wien.at
Internet: info.wien.at

6.2. Privatvermieterorganisationen

Ferien bei Familien

„**Ferien bei Familien**" ist ein Web-Präsentationsportal, in dem sich Quartiergeber dem Gast präsentieren können. Nachdem selbst das Gewerbe mit der Gewerbeordnungsnovelle am 1. Aug. 2002, BGBl. I Nr. 111/2002, liberalisiert und vereinfacht wurde, erfolgte auch hier die Begriffsdefinition für Privatvermieter etwas großzügiger im Sinne des Gastes. Jeder Beherbergungsbetrieb, der familiär geführt wird, kann sich dieser auf der Homepage www.ferien-bei-familien.at präsentieren. Entscheidend ist, dass der Gast ein Familienmitglied als Ansprechperson vorfindet.

Erwin Kaminek
Leopoldauer Straße 20 und 24
1210 Wien

Tel: 01/270 00 00
E-Mail: office@privatvermieter.org
Internet: www.ferien-bei-familien.at

Bundesverband der Privatvermieterorganisationen in Österreich

Dieser Verband betreut vor allem Tourismusverbände und Vereine, deren Mitglieder die klassischen Privat(zimmer)vermieter im Sinne der 10-Betten-Regelung sind.

Hof Nr. 104
A-5322 Hof bei Salzburg

E-Mail: office@privatvermieter.at
Internet: www.privatvermieter.at

Landesverband der Privatvermieter Oberösterreich

Bahnhofstraße 6
4820 Bad Ischl

Tel: 06132/277 57
Fax: 06132/277 57-77
E-Mail: office@privaturlaub.at
Internet: www.privaturlaub.at

Obfrau Edith Grill
Untersee 43
4823 Steeg am Hallstättersee

Tel u. Fax: 06135/76 34
E-Mail: edith@aon.at
Internet: www.privaturlaub.at/edith.grill
www.demregio.at/edith.grill

Landesverband der Privatzimmer- und Ferienwohnungsvermieter Salzburgs

Präsident Anton Schachinger
Hof Nr. 104
5322 Hof bei Salzburg

E-Mail office@privatvermieter.com
Internet: www.privatvermieter.com

Landesverband der Privatzimmer- und Ferienwohnungsvermieter der Steiermark

Franz Loidl
8352 Unterlamm Nr. 26

Tel: 03155/82 87
Fax: 03155/82 87
E-Mail: haus-sonnenhuegel@gmx.at
Internet: www.urlaubganzprivat.at

Landesverband der Tiroler Privatzimmer- und Ferienwohnungsvermieter

Adamgasse 2a/1
6020 Innsbruck

E-Mail: privatzimmer@tirol.com
Internet: www.tiscover.com/privatzimmer.tirol

Landesverband der Privatzimmer- und Ferienwohnungsvermieter Vorarlbergs

Greben 438
6870 Bezau

Tel: 05514/20 17
Fax: 05514/32 40
E-Mail: privat.vermieter@gmx.at
Internet: www.tiscover.com/privat-in-vorarlberg/

Urlaub am Bauernhof in Niederösterreich & Privatzimmer NÖ

Dies ist die offizielle Stelle, unter anderem auch für die niederösterreichischen Privatvermieter. Für Informationen über Förderungen für Verbesserungen, Renovierungen und Umbau Ihrer Ferienwohnungen wenden Sie sich an diese Stelle.

Monika Führer
Hauptplatz 17
A-3650 Pöggstall

Tel: 02758/31 10
Fax: 02758/31 10-4
E-Mail: noe@landurlaub.at
Internet: www.landurlaub.at

Landesverband der Privatzimmer- und Ferienwohnungsvermieter Niederösterreich

Bei dieser Homepage merkt man, dass die Vermieter bzw. deren Organisatoren mit Leib und Seele für die Privatvermieter, aber auch für die Gäste ihr Bestes geben. Der Verein veröffentlicht auf der Webseite, obwohl es (leider) nicht selbstverständlich ist, seine Statuten. Dies zeugt von echten Bemühungen und Offenheit, die dem Gast und den Kollegen entgegengebracht werden.

Andrea Ponleitner
2393 Sparbach 14 bei Hinterbrühl

Tel: 02237/76 94
Fax: 02237/76 94-7
E-Mail: privatvermieter.noe@direkt.at
Internet: www.reise-urlaub-zimmer.at/

Verband der Privatzimmer- und Ferienwohnungsvermieter Kärntens

Birkenweg 1
9062 Moosburg

Tel: 04272/824 50
Fax: 04272/824 50-4
E-Mail: privatvermieter@aon.at
Fax: www.urlaubinkaernten.at

Landesverein für Wiener Privatvermieter

Liselotte Reich-Matterey
Linke Wienzeile 64/1
1060 Wien

Tel: 01/945 59 74
Fax.: 01/969 06 82
Mobil: 0699/19 45 59 74
E-Mail: wienprivat@chello.at
Internet: www.wienprivat.com

Apartment Service Vienna der Wiener Privatvermieter

„Apartment Service Vienna" ist kein Mitglied des Landesvereines der Wiener Privatvermieter. Aufgenommen werden nur **qualitativ hochwertige Ferienwohnungen**. Ein weiterer Unterschied besteht in einer **anderen Prädikatisierung** der Appartements. Diese werden von den Organisatoren mit (Musik-)„Noten" ausgezeichnet und zusätzlich mit einer Gästebewertung versehen, welche eine effiziente Kontrolle des Qualitätsstandards gewährleistet. Das Apartment Service Vienna bietet außerdem Aktivitäten sowohl für Gäste, als auch für Vermieter an.

Ilona und Erwin Kaminek
Leopoldauer Straße 20 und 24
1210 Wien

Tel: 01/270 00 00
Fax: 01/270 68 17
Mobil: 0664/242 66 30
E-Mail: office@apartment.at
Internet: www.apartment.at

Bundesverband Urlaub am Bauernhof

Die Vermarktung erfolgt einerseits über vier Urlaub am Bauernhof (UaB) Kernthemen: Familienurlaub, Biourlaub, Reiterurlaub und Winterromantik am Bauernhof und andererseits über verschiedene Nischenthemen, wie etwa Almhüttenurlaub, Seminarbauernhöfe, Ferien ohne Eltern oder Schule am Bauernhof, um nur einige zu nennen.

Die Mitglieder werden innerhalb der Organisation durch ihre gewählten Vertreterinnen und Vertreter repräsentiert. Diese gestalten sowohl die Strategien als auch die tägliche Arbeit der Organisation für Ihre Kollegen mit.

Seit 2001 gibt es eine österreichweit **einheitliche Mitgliederstrategie**, die – ausgehend von einer Info-Partnerschaft, über eine Basismitgliedschaft bis hin zu individuellen Leistungsmodulen – ein flexibles Modell für alle Interessierten bietet. Weiters wurde für die Zeit bis 2010 ein umfassendes Zukunftskonzept von den Firmen Trigon Entwicklungsberatung (Salzburg) und Kohl & Partner Tourismusberatung (Villach) entwickelt.

Gabelsbergerstraße 19
A-5020 Salzburg

Tel: 0662/88 02 02
Fax: 0662/88 02 02-3
E-Mail: office@farmholidays.com
Internet: www.UrlaubamBauernhof.at

6.3. Weitere touristische Adressen in Österreich

Bundesministerium für Wirtschaft und Arbeit

Die Sektion V besteht aus 17 Abteilungen, 4 davon beschäftigen sich mit Tourismus- und Freizeitwirtschaft.

Sektion V – Tourismus und Historische Objekte
Sektionschefin Mag. Elisabeth Udolf-Strobl
Stubenring 1
1010 Wien

Tel: 01/711 00-5380 oder 5490
Fax: 01/712 14 42
E-Mail: post@V3.bmwa.gv.at
Internet: www.bmwa.gv.at/tourismus

Bank für Tourismus

Die meisten **offiziellen Förderungen** werden über die Tourismus-Bank abgewickelt. Daher sollten Sie sich diese Adresse merken und hin und wieder im Internet besuchen.

Die österreichische Hotel- und Tourismusbank GmbH. (ÖHT) ist eine Spezialbank zur Finanzierung und Förderung von Investitionen im Tourismus. Aus mehr als 50-jähriger Erfahrung kann auf ein umfangreiches Branchenwissen zurückgriffen werden, da die ÖHT die Entwicklung der österreichischen Freizeitwirtschaft als Finanzierungs- und Förderungsinstitut wesentlich mitgestaltet hat. Obwohl die „Tourismusbank" mehr auf gewerbliche Betriebe ausgerichtet ist, ist ein Besuch auf deren Homepage durchaus empfehlenswert.

Österreichische Hotel- und Tourismusbank GmbH
Parkring 12a
1011 Wien

Tel: 01/51530-0
Fax: 01/51530-30
www.oeht.at

ERP-Fonds

Dieser ist eine weitere Institution für Förderungen und Kreditvergabe für die Tourismuswirtschaft mit Gewerbeberechtigung.

Die zinsgünstigen ERP-Kredite belaufen sich zwischen 0,5 % und 2,75 % p.a. mit mehrjährigen tilgungsfreien Zeiträumen.

ERP-Fonds
Ungargasse 37
1031 Wien

Tel: 01/501 75-400
Fax: 01/501 75-492
E-Mail: office@erp-fonds.at
Internet: www.erp-fonds.at

Österreich Werbung

Die „Österreich Werbung" ist in Europa, den USA und im fernen Osten mit Außenstellen vertreten. Sie wurde 1955 gegründet und hat weltweit an die 220 Mitarbeiter.

Österreich Werbung
Margaretenstraße 1
1040 Wien

Tel: 01/588 66-0
Fax: 01/588 66-20
E-Mail: urlaub@austria.info
Internet: www.austria.info

6.4. Unterkunftsdatenbanken/Präsentationsplattformen

Es gibt einerseits die Tourismusorganisationen, die sich ausschließlich um die Vermieter kümmern und andererseits gibt es Plattformen, wo ausschließlich die Unterkünfte präsentiert werden. Natürlich gibt es auch Mischformen. Einige sind oberhalb schon angeführt. Bei den Präsentationsmöglichkeiten gibt es aber nicht nur nationale, sondern auch internationale Seiten. Je nach Wunschzielgruppen macht es Sinn, auch bei internationalen Seiten vertreten zu sein oder auch im jeweiligen Land (national) seiner Wunschgäste. Es macht wenig Sinn in Japan vertreten zu sein, wenn ich weder japanisch sprechen noch schreiben kann.

Nationale

www.ferien-bei-familien.at	www.demregio.at
www.pego.at	www.austria.at
www.freie-zimmer.at	www.urlaub.at
www.tiscover.at	www.fewo.tv
www.upps.at	

Internationale

www.ownersdirect.co.uk	www.holidayrentals.co.uk
www.secondcasa.com	www.urlaubsanbieter.com
www.fewo4you.com	www.gastgeber.net
www.unterkunft.de	www.ferienwohnung.com
www.traum-ferienwohnungen.de	www.homelidays.com

6.5. Informationsseiten für (Privat)Vermieter

www.privatvermieter.org

Diese Homepage ist **ausschließlich für die Vermieter** gemacht worden. Hier finden Sie rechtliche, steuerliche, kulturelle und allgemeine Hinweise für Vermieter. Organisiert und gestaltet wird diese Homepage vom Herausgeber dieses Buches.

Erwin Kaminek
Leopoldauer Straße 24
1210 Wien

Tel: 01/270 00 00
E-Mail: office@privatvermieter.org
Internet: www.privatvermieter.org

Service Portal der Österreich Werbung

Diese Seite wurde von der „Österreich Werbung" ausschließlich für Vermieter gemacht.

http://cms.austria-tourism.biz/article/archive/6

6.6. Regionen und themenorientierte Unterkünfte

Bei den Regionen und themenorientierten Unterkünften gibt es in der Zwischenzeit eine Vielzahl von Gruppierungen. Ob das nun besondere Straßenzüge sind, wie Wein- oder Historische Straßen, Täler oder Naturparks. Müsste ich alle aufzählen, ich würde sicher welche vergessen.

Dennoch möchten wir Ihre Gruppe gerne vorstellen. Wenn Sie also Verantwortlicher einer solchen Vereinigung sind, senden Sie uns bitte eine E-Mail mit einer kurzen Beschreibung, Kontaktdaten, Ihrer Internetadresse und einem Bild an office@privatvermieter.org. Wir stellen Ihre Gruppe dann gerne im Internet auf www.privatvermieter.**org** und in einer eventuellen Neuauflage vor.

6.7. Tourismusorganisationen im Ausland

Welttourismusorganisation

„Hauptzweck der Organisation ist die **Förderung und Entwicklung des Fremdenverkehrs** mit dem Ziel, zur wirtschaftlichen Entwicklung, zur internationalen Verständigung, zum Frieden, zum Wohlstand und zur allgemeinen Achtung und Wahrung der Menschenrechte und Grundfreiheiten für alle Menschen, ohne Unterscheidung von Rasse, Geschlecht, Sprache oder Religion, beizutragen." (*Auszug aus der Satzung der OMT/WTO*)

OMT/WTO
Organisation Mondiale du Tourisme/
World Tourism Organization
Capitán Haya, 42
28020 Madrid
Spanien

Tel: 0034/91/56 78 100
Fax: 0034/91/57 13 733
E-Mail: omt@world-tourism.org
Internet: www.world-tourism.org

Europäische Union – Tourismusabteilung

Leider gibt es seitens der EU kaum Ambitionen, den Tourismus in der Union zu fördern oder zu unterstützen. Ein möglicher Ansprechpartner in der Tourismusabteilung ist Reinhard Klein.

Rue de la Loi, 200
B-1049 Brüssel

Tel: 00322/2969 700
Fax: 00322/2956 969
Internet: www.europa.eu.int

7. Nützliche Links

7.1. Steuern und Recht

Allgemeine Information und Steuerformulare finden Sie auf der Homepage des Bundesministeriums für Finanzen.

Bundesministerium für Finanzen: www.bmf.gv.at.

Die **Kammer der Wirtschaftstreuhänder** führt kostenlose Erstberatungen durch. Nähere Informationen gibt es auf der Homepage (jeweilige Landesstelle anklicken und Erstberatung wählen).

Kammer der Wirtschaftstreuhänder: www.kwt.or.at

Im **Rechtsinformationssystem** des Bundeskanzleramts finden Sie unter anderem Bundes- und Landesgesetze, Gemeindeverordnungen und Europäisches Gemeinschaftsrecht, sowie Judikaturdokumentationen von Verfassungs- und Verwaltungsgerichtshof und anderen Institutionen.

RIS: www.ris.austria.gv.at

Praktische Anleitungen und Hilfestellungen für Amtswege werden auf der **Amtshelfer**-Seite des Bundeskanzleramts präsentiert. Es gibt jeweils einen Bereich für Privatpersonen und einen für Unternehmer. Das Ziel der Seite ist Ihnen Amtswege zu erleichtern und unnötige Wege zu ersparen.

Amtshelfer: www.help.gv.at

Buchtipp für Urlaub am Bauernhof

„Die Besteuerung pauschalierter Land- und Forstwirte – Ein Leitfaden zum Steuersparen" 2., aktualisierte Auflage, Ing. Dr. Martin Jilch, Verlagsübergreifende Kooperation der Verlage dbv, nwv und Agrarverlag, ISBN 3-7083-0049-1

Erhältlich u.a. bei: www.dbv.at/pauschalierung.asp

„Die Einkommensbesteuerung in der Land- und Forstwirtschaft – Von der Pauschalierung bis zur Kapitalgesellschaft", Dr. Günther Silber, LexisNexis Verlag ARD Orac, ISDN 3-7007-2877-8

7.2. Internetrecht

Eine ausführliche **Informationsseite zu allen Bereichen des Rechts im Internet** (Domainrecht, Urheberrecht, E-Commerce, Datenschutz, Linkrecht uvm.) bietet der Salzburger Richter Dr. Franz Schmidbaur.

www.internet4jurists.at/intern20.htm

Rechtsprobleme.at ist eine **juristische Informationsplattform**, die unter anderem Beiträge verschiedener Autoren zu den Themen E-Commerce, Urheberrecht und Domains beinhaltet.

www.rechtsprobleme.at

8. Internetglossar

Crawler

Sammelt die Daten einer Suchmaschine; siehe Spider

Description

Ein so genannter → Meta-Tag. Hier kann der Seiten-Autor eine Beschreibung seiner Internetseite eintragen. Diese Beschreibung wird bei manchen Suchmaschinen im Ergebnis angezeigt.

Domainname

Kurz auch nur Domain oder Domäne genannt. Er ist die eindeutige Adresse Ihrer Seite im Internet und besteht aus Servernamen, eigentlichem Domainnamen und Top Level Domain (z.B. .at, .de). Er wird einmal eindeutig registriert und ist mit einer IP-Adresse verknüpft.

Dynamische Webseite

Hier wird die Seite, oder ein Teil der Seite im Gegensatz zum rein layoutorientierten, statischen HTML, erst beim Abruf vom Server generiert. Dynamische Seiten sind in der Lage, auf Eingaben des Benutzers zu reagieren. Oft werden Informationen aus einer Datenbank abgefragt. Zum Erstellen von dynamischen Webseiten braucht man Skriptsprachen wie z.B. PHP, ASP, Perl, . . .

Frontpage

Grafischer HTML-Editor von Microsoft, der sich speziell bei Anfängern als Standard durchgesetzt hat. Das Programm ermöglicht es unter anderem, die Homepage ohne die Verwendung eines externen FTP-Programms zu aktualisieren, wenn der Provider die entsprechende Software auf seinem Server installiert hat.

FTP-Zugriff

Das File Transfer Protokoll ist ein Internetdienst, der das Up- und Downloaden von Dateien auf einen anderen Rechner ermöglicht. FTP wird sehr oft verwendet, um die Dateien der eigenen Homepage zu aktualisieren.

HTML

Hyper Text Markup Language (HTML) ist eine so genannte Auszeichnungssprache. Sie hat die Aufgabe, die Bestandteile eines Dokuments zu beschreiben (z.B. Überschriften, Absätze, Listen, Tabellen, Grafikreferenzen). Ein HTML-Dokument wird im Textformat gespeichert und kann mit einem Texteditor bearbeitet werden. Die Dateiendung ist zumeist .htm oder .html.

Index

Der Datenbestand bzw. die Datenbank einer Suchmaschine, die bei einer Suchanfrage durchsucht wird. Bei großen Suchmaschinen verteilt sich diese auf mehrere Server.

Indizieren

Der Vorgang der Datenerfassung durch einen → Spider nennt sich indizieren. D.h. der Spider durchsucht Webseiten und nimmt deren Inhalte in seine Ergebnisdatenbank auf.

Keyword

Deutsch „Schlüsselwort", „Stichwort", „Schlagwort", „Suchbegriff"; Wörter oder Wortkombinationen die im Zuge der Suche von Internet-Nutzern in die Suchmaschinen eingeben werden. Im Zusammenhang mit der Suchmaschinenoptimierung wird versucht, die richtigen Keywords auf der Webseite zu positionieren, damit diese möglichst weit „oben" im Suchergebnis gefunden werden.

Keywords

Ein so genannter → Meta-Tag. Er bietet dem Autor einer Seite die Möglichkeit, Schlüsselwörter anzugeben, die für seine Seite relevant sind. Einige Suchmaschinen verwenden diese Keywords noch um die → Relevanz der Seite zu bestimmen. Da diese Funktion aber oft missbraucht wurde (z.B. ein Wort immer wiederholen, oder oft gesuchte Wörter eintragen, die aber nichts mit der Seite zu tun haben), zählt heutzutage der auf der Seite sichtbare Text wesentlich mehr. Keywords werden maximal berücksichtigt, wenn sie sowohl im Keyword-Meta-Tag, als auch im Text vorkommen.

Linkpopularität

Ist ein Maßstab für die Bedeutung einer Seite. Gemessen wird die Zahl und Qualität der Links, die auf eine Seite verweisen. Die Idee dahinter ist, dass ein Link eine Empfehlung ist und davon ausgehend, dass Seiten mit vielen Empfehlungen besser sind und daher weiter oben im Suchergebnis gereiht werden.

Mit Werkzeugen im Internet kann man Link-Popularität einer Seite feststellen. Beispiel: www.nofronts.de/blitzcheck/linkp.htm. Dort wird die Anzahl der Links bei mehreren Suchmaschinen für bis zu vier Webseiten gleichzeitig abgefragt. Angezeigt wird die Anzahl der gefundenen Links pro Suchmaschine und Referenzseite.

Metasuchmaschine

Suchmaschine, die mehrere Suchmaschinen gleichzeitig abfragt.

z.B. www.metaspinner.de

Meta-Tag

Informationen für Suchmaschinen und Browser im Quellcode eines HTML-Dokuments, die im Browser nicht angezeigt werden, wie z.B. Content-Language (für die Sprache), Keywords (Schlüsselwörter), Description (Beschreibung). Diese werden von einigen Suchmaschinen bei der Bewertung von Seiten berücksichtigt.

Im Quellcode versteckte Informationen für die Suchmaschinen. Hier lassen sich zum Beispiel Schlüsselwörter (Keywords) oder ein beschreibender Text (Description) angeben, dieser wird dann oft für die Suchausgabe verwendet. Weitere typische META-Tags sind Angaben für automatische Seitenaktualisierung (Refresh), Ländercodierung und Referenzbasis.

PHP

PHP ist die Abkürzung für „Hypertext Preprocessor". Es ist eine serverseitige Skriptsprache, die man in HTML einbinden kann, bzw. mit der → HTML-Code generiert wird. Die Verwendung von PHP oder anderen Skriptsprachen erweitert die mögliche Funktionalität von Webseiten enorm, denn man kann z.B. → dynamische Webseiten erstellen oder auch auf Datenbanken zugreifen. PHP ist eine leicht zu nutzende Sprache, die leicht in Webseiten eingebunden werden kann. Die Sprache hat sich als „quasi"-Standard etabliert und ist auch bei den meisten Webhosting-Angeboten verfügbar.

Provider

siehe → (Webhosting)Provider

Relevanz

Ein Kriterium für die Qualität von Suchmaschinen Ergebnissen, das die inhaltliche Übereinstimmung eines Suchergebnisses mit der Suchanfrage bezeichnet. Hohe Relevanz bedeutet, dass das Suchergebnis voll und ganz der Anfrage gerecht wird.

Search Engine

Englische Bezeichnung für Suchmaschine.

Spider

Ein Software-Programm, das die Inhalte von Webdokumenten für die Suchmaschinen sammelt und erfasst. Hyperlinks werden verfolgt und damit auch Unterseiten bzw. andere Webseiten aufgenommen.

Seitentitel

Ist der Titel einer Webseite. Er wird wie die Metatags im Kopfbereich des Quellcodes angegeben und ist aus Sicht der Suchmaschine einer der wichtigsten Bestandteile einer Webseite, denn die Wörter im Titel werden als besonders relevant gewertet. Er erscheint bei allen Suchmaschinen als Überschrift des Suchergebnisses. Außerdem wird er im Browser ganz oben in der „blauen Zeile" angezeigt und als Beschriftung bei den Favoriten vorgeschlagen.

Statische Webseite

Webseite, deren Inhalt festgelegt ist. Man spricht meistens von einer statischen Webseite, wenn diese komplett mit dem layoutorientierten HTML erstellt wurde (z.B. mit Frontpage). Eine Aktualisierung muss direkt am Quelldokument vorgenommen werden.

Dieses wird dann erneut in das Web gestellt, die alte Datei wird in der Regel bei der Aktualisierung überschrieben.

Subdomain

Eine „Unterdomain" zu einer bestehenden Domain, beispielsweise wetter.orf.at. Einige Dienstleister bieten Subdomains als Weiterleitung zu einer längeren URL an.

Suchmaschine

Auf einer Datenbank basierende Datensammlung, die nach Schlagworten durchsucht werden kann und so dem Internetnutzer beim Auffinden von Informationen hilft.

Suchmaschinenoptimierung

Optimierung von Webseiten dafür, von Suchmaschinen in den → Index aufgenommen und möglichst hoch bewertet zu werden, um in den ersten Suchergebnissen aufzuscheinen. Dazu gehören unter anderem der Einbau von sichtbarem Text, Meta-Befehlen und eine Keyword-Analyse.

URL – Uniform Resource Locator

Einzigartige Adresse im Internet, mit der man eine bestimmte Webseite erreichen kann. Ein Beispiel für eine URL ist www.apartment.at/presseinfo/pressemeldungen.html. Sie setzt sich aus Applikation (www – WorldWideWeb), Seitenname (apartment) und Top-Level-Domain (.at für Österreich), Verzeichnis (presseinfo) und Dateinamen (pressemeldungen.html) zusammen. Jedes Dokument, Bild und sonstige Objekt einer Webseite hat demnach seine eigene URL.

(Webhosting)Provider

Stellen → Webspace zur Verfügung, auf dem Sie Ihre Homepage veröffentlichen und über Ihre → URL (Ihren Domainnamen, Internetadresse) über das Internet zugänglich machen können. Einige Provider stellen den Kunden gratis Webspace zur Verfügung. Dieser wird jedoch über Werbeinblendungen und Pop-Ups finanziert und ist daher bestenfalls für private Homepages geeignet.

Webspace

Webspace ist der Speicherplatz für eine Webseite bei einem so genannten → (Webhosting)Provider. Über eine Internetadresse (→ URL) kann auf den Speicherplatz zugegriffen werden. Oft bekommt man zu einem Internetzugang (z.B. ADSL) einen kleinen Speicherplatz für die eigene Homepage dazu. Das Zurverfügungstellen von Webspace für Homepages heißt auch „hosting".

Sollten wider Erwarten weitere Begriffe unklar sein, empfehlen wir Ihnen das Suchmaschinen-Lexikon www.lexikon-suchmaschinenoptimierung.de und das Internet und E-Commerce-Lexikon www.e-lexikon.at.

Stichwortverzeichnis